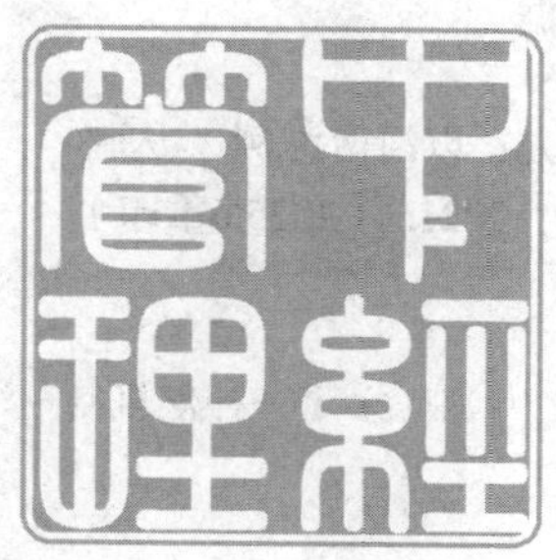

粮食主产区利益补偿机制研究
——以河南为例

Study on Compensation in Major Grain Producing Areas：
A Case Study of Henan Province

丛胜美◎著

北 京

图书在版编目（CIP）数据

粮食主产区利益补偿机制研究：以河南为例／丛胜美著．--北京：中国经济出版社，2021.1（2025.6重印）

ISBN 978-7-5136-6069-3

Ⅰ．①粮… Ⅱ．①丛… Ⅲ．①粮食产区-补偿机制-研究-河南 Ⅳ．①F326.11

中国版本图书馆 CIP 数据核字（2021）第 011263 号

责任编辑　叶亲忠
责任印制　马小宾
封面设计　华子图文

出版发行　中国经济出版社
印 刷 者　三河市同力彩印有限公司
经 销 者　各地新华书店
开　　本　710mm×1000mm　1/16
印　　张　13.75
字　　数　205 千字
版　　次　2021 年 1 月第 1 版
印　　次　2025 年 6 月第 2 次
定　　价　69.80元
广告经营许可证　京西工商广字第 8179 号

中国经济出版社 **网址** www.economyph.com **社址** 北京市东城区安定门外大街 58 号 **邮编** 100011
本版图书如存在印装质量问题，请与本社销售中心联系调换（联系电话：010-57512564）

摘要

PREFACE

2014年，中国13个粮食主产区粮食总产量约占全国总产量的76%，保障粮食主产区粮食产量稳定发展对保障我国粮食安全意义重大。粮食主产区拥有大量耕地，对部分二三产业用地产生了挤出作用，因而对粮食主产区经济发展产生了不良影响，长此以往将挫伤主产区种粮积极性、威胁粮食生产安全。现有利益补偿政策对粮食主产区产生了一定积极作用，但仍存在诸多问题。因此，分析粮食主产区的现状及利益补偿机制，测算出针对粮食主产区政府与农户层面的利益补偿额度，完善对粮食主产区的利益补偿政策，显得十分必要。

本书内容安排如下：

第1章为导言。论述了本研究问题产生、写作背景、对该问题的相关文献研究、主要研究内容、创新点等。

第2章为理论依据。对本研究运用到的理论依据进行阐述，对全书涉及的几个概念进行详细界定。

第3章为河南省粮食与经济状况分析。从粮食生产与经济发展方面对本研究的研究案例——河南省进行梳理，明确河南省粮食大省、财政穷省的现状。

第4章为利益补偿依据——政府层面。本研究以河南省为例，首先从土地需求与供给矛盾角度明确粮食耕作土地对二三产业用地存在挤出作用；其次分析了粮食主产区耕地的机会成本，明确主产区存在利益损失，为制定粮食主产区利益补偿机制提供了依据。

第 5 章为利益损失分析与补偿额度测算——政府层面。运用倾向性评分倍差法，确保评估不受选择性偏差影响，实证分析了河南省进入主产区对经济造成的损失，从而保证结果更可靠。河南省 2014 年实际 GDP 仅为应得 GDP 的 78.51%，由于承担主产区的责任而损失的地区生产总值为 9645.46 亿元。按照河南省 GDP 对当地财政收入的转化率 7.77%计算，河南省 2014 年损失的财政收入为 749.45 亿元，这部分即是要补偿的部分。

第 6 章为利益补偿依据——农户层面。分析了对农户层面进行利益补偿的依据。研究表明，农户的收入水平受到影响，农户种粮积极性并不高。为讨论个体需求因素对种粮积极性的影响，本章运用多层多项 Logit 模型进行回归分析，得出“影响不同种粮积极性农户的因素也不相同”的结论。

第 7 章为利益补偿额度测算——农户层面。对农户层面的利益补偿额度进行测算。从弥补机会成本、提高种粮积极性角度讨论农民的利益补偿额度，每亩的补贴总额度应该达到 179.5 元，才能保障农民种粮积极性。

第 8 章为已有利益补偿机制评价。是对现有粮食主产区利益补偿机制的分析。积极作用：缓解产粮大县部分财政压力；提高农户种粮积极性。存在问题：缺乏省级层面的利益补偿政策；大规模耕作农户群体对补贴政策满意度整体较低；小麦最低收购价政策满意度最低、执行力差；粮食直接补贴政策的作用性较差；利益补偿额度较低；资金来源范围狭窄。

第 9 章为完善粮食主产区利益补偿机制。设立粮食跨区指标交易模式，把粮食主销区纳入利益补偿资金供给方。增加对粮食主产区省层面的利益补偿资金，使补偿总额与本省财政损失相等。从良种补贴、农资综合补贴角度提高粮食补贴总额。运用政策手段辅助对粮食主产区的利益补偿。

第 10 章为结论与展望。

目录

CONTENTS

第1章 导言

1.1 研究背景与问题提出

粮食问题历来是政府与人民关注的焦点。从个体角度来说，人民最赖以生存的物资之一便是粮食，从政府角度来说，历史上各类农民暴动事件起因无不与粮食的匮乏有关。粮食不仅仅是生活物资，更具有浓厚的经济色彩和政治意味。民以食为天，中国有超过14亿人口，却仅靠相对贫乏的耕地资源解决了吃饭问题，被认为是我们创造的一个奇迹，超级水稻等高产品种的出现无不闪耀着智慧的光芒。

新中国成立以来，全国粮食总产量总体呈不断增长态势，这得益于全国耕地数量与单位面积产量的不断增加，然而，粮食问题所面临的形势依然十分严峻。从消费角度分析，我国人均消费量不断攀升。根据2014年世界银行发布的《中国经济简报》，中国的粮食总需求量为6亿吨，并且在未来呈不断增加趋势，预计2030年达到7亿吨。相对而言，国内粮食总产量受耕地增加速度放缓与单位面积粮食产量增速放缓的双重影响，其增速低于需求的增速，2019年全国粮食总产量66384万吨（13277亿斤）。2012年，中国人均粮食消费量为445千克，预计2030年达到491千克。从生产角度来说，耕地资源基本处于全部被开发的状态，后备耕地资源不足。当前和未来一个时期，我国经济依然会保持增长，第二产业与第三产业产值不断提升，人口增加、粮食保产、经济社会发展对全国的土地利用结构和布局提出新的更高的要求，受资源环境条件限制，土地利用中的供需矛盾和各种深层次问题将进一步显现。第一，建设用地需求量激增，而可供开发利用的土地数量很少；第二，由于基本农田的划定，耕地朝着非农业用途的转变将变得更加艰难；第三，为了不断提高粮食产量，增加耕地面积是必要的，而适宜开垦的耕地资源日益减少，可整理复垦耕地难度逐渐加大，耕地后备资源不足。从劳动者角度来看，农民种粮积极性有所动摇，这一切都构成了粮食生产的不确定性。粮食问题不仅是普通百姓关注的事情，更关系到国家安全、经济发展。

保障粮食生产稳定和供给充足，本质上就是在保障国家粮食安全。中国人口基数过大，若依靠进口作为国内粮食消费的主要来源，那么国内粮食消费价格将受到世界粮食价格波动的严重影响。粮食作为农业领域的基础产品，其价格波动会对整个经济带来不利影响，因此，必须保持粮食在一定程度上的自给率。陈锡文曾指出，保障国家粮食安全，要确保谷物基本自给，口粮绝对安全。新中国成立以来，国家一直高度重视粮食生产问题，近几年的“中央一号”文件中更是多次提出要保障粮食生产，各类围绕支持粮食生产而制定的政策不断出台，1999 年基本农田保护条例开始执行，2003 年确立粮食主产区，2004 年国家全面取消了对农业税的征收，等等，对保障粮食生产均起到了显著作用。

根据《中国统计年鉴》测算，2003 年，所有粮食主产区生产粮食 30708.2 万吨，同时期全国共生产粮食 43069.5 万吨，前者占后者的 71.3%；截至 2014 年，这一比例达到 76%。粮食主产区已然成为中国“粮仓”，保障粮食主产区粮食产能、保障主产区种粮积极性，对我国维持粮食安全意义重大。

粮食主产区划分的主要依据是一个省的粮食生产能力，因此粮食生产大省往往被纳入粮食主产区之中。国家保障粮食主产区粮食生产能力，主要有如下手段：第一，把粮食生产间接纳入当地的政绩之中；第二，利用基本农田划定、永久粮田划定等政策，固化主产区耕地的用途；第三，通过各类政策保障主产区种粮积极性。2004 年我国全面取消农业税后，政府财政收入来源主要在二三产业，由于耕地红线等政策限制，粮食主产区不得不将大量耕地用于粮食生产，而可供二三产业开发利用的土地日趋减少，耕地往非农化用地的转移被严格限制，使得主产区二三产业的发展受到一定程度的限制，最终导致粮食主产区经济发展滞后、政府财政收入受损。通过强化主产区发展粮食生产、间接导致粮食主产区经济受损，来达到保障全国范围内粮食安全、保障其他地区正常发展的效果，会对粮食主产区自身的经济发展带来不利影响，进而动摇主产区种粮积极性，威胁粮食生产安全。国家设立粮食主产区，强调其粮食生产的责任，却使其承担经济效益流失的代价，若是没有相应的补救措施，从长期来看，主产区种粮积极性下降将不可避免。

保障国家粮食安全，从长期看，要依靠规模集约化、科技等手段提高粮食生产效率，而从短期看，需要保障耕地数量、保障粮食主产区政府与粮作农民的种粮积极性。

粮食主产区发展粮食生产带来的粮食供给稳定与粮食安全保障存在正的外部效应，中央政府与粮食主销省（自身粮食产量严重不足，但获得粮食安全）是正外部效应的受益者。正外部性物品容易导致市场失灵，也就是说，单纯依靠市场的力量无法起到补偿主产区的作用，若是无法使正外部收益内部化，粮食主产区仍要自己承担起大量生产粮食导致的经济受损的恶果，那么，粮食主产区的种粮积极性将会受到损伤，长此以往将危害国家粮食安全。因此，从国家角度、利用政策等行政手段对粮食主产区进行利益补偿是十分必要的，对于粮食主产区利益补偿机制的研究显得十分迫切。

许多学者都发现了这一严峻的问题，政府也制定了诸多政策来弥补粮食主产区的利益损失，现行的政策有农户层面的粮食补贴政策、政府层面的产粮大县奖励政策、针对补偿资金供给的粮食风险基金制度等。上述政策一定程度上对缓解粮食主产区面临的矛盾状况产生了积极作用，但是并没有起到充分补偿粮食主产区及农民经济损失的作用，主产区依然面临种粮积极性不高的问题。因此，通过分析对粮食主产区各个层面进行利益补偿的依据，测算出粮食主产区政府与农户层面准确的利益补偿额度作为补偿参考，结合现有补偿机制的效果与不足，来完善对粮食主产区的利益补偿政策，显得十分必要。

1.2 研究意义

第一，通过利益补偿机制提高主产区种粮积极性，保障粮食产量稳定增长，保障国家粮食安全。国家出台各类政策措施，采取多种手段，对粮食主产区政府与农户层面进行转移支付，尽可能地补偿主产区与农户的经济损失，使种粮变得“有利可图”，从理性角度出发，能够极大地调动粮食主产区政府与农户的种粮积极性。

第二，通过利益补偿机制，为粮食主产区注入发展动力，促进主产区经济发展，促进国家区域协调发展。粮食主产区在发展粮食生产的过程中，不仅投入了大量耕地，也投入了很多资金，导致自身二三产业发展受限，产业结构存在严重缺陷，经济实力相对落后，在没有足够的利益补偿情况下，长此以往将陷入经济发展的恶性循环。只有从利益补偿角度入手，为粮食主产区注入资金支持，才能为主产区经济发展带来动力，才能不断缩小与粮食主销区之间的经济差距。粮食主产区大都位于东部、中部地区，粮食主销区主要处于东部地区，通过利益补偿机制促进粮食主产区经济发展也符合当下我国提出的区域协调发展方针。

第三，通过实行粮食主产区利益补偿机制，提高主产区农业现代化水平，提高粮食生产效率。粮食主产区虽然生产全国70%以上的粮食，但是其农业现代化水平并不高，突出表现在粮食耕作以家庭经营为主，缺乏集约型耕种，单位面积耕地上分布的农民数量较多，最终导致粮食生产效率低下。此外，粮食主产区由于经济发展受限，缺乏足够的资金去发展、维护农业基础建设设施，当地基础建设设施往往陈旧且落后，部分甚至已经不可用。通过对粮食主产区进行利益补偿：其一，能够通过二三产业的发展吸收大量劳动力，使耕地上的大量劳动力得以转移，有利于促进粮食作物的大规模、机械化生产，提高产出效率；其二，粮食主产区可以把利益补偿获得的资金用在提高农业基础设施建设上，给当地粮食生产带来便利。

第四，粮食主产区利益补偿机制的实施是国家以人为本的具体体现。

不可否认，不论是城镇从业者还是农民，粮食主产区与粮食主销区人员间的收入水平均存在较大差距，造成这种差距有部分是缘于国家政策的不平等，主产区政府承受了过多的责任与负担，主销区政府缺乏必要的补偿措施。由此带来的两地人民间生活水平的差距不符合我国以人为本的发展要求。实现共同富裕是我们的最终目标，现在国家与粮食主销区政府已具备反哺粮食主产区的能力，因此，通过利益补偿机制提高人民收入水平、改善生活条件是以人为本发展方针的具体体现。

1.3 国内外文献综述

1.3.1 国外文献综述

（1）粮食安全相关研究。

1983年，国际粮农组织提出“粮食安全”的概念。国际上由此开始强调人们获得食物的权利。农业是重要的公共部门，粮食是重要的准公共物品，时至今日，由于日益严峻的气候危机以及政治、经济等因素，全球均面临粮食安全的重大挑战。粮食安全应包括两部分内容：一是确保获得足够的粮食；二是确保粮食供应的稳定。

对粮食安全概念的界定历经了从微观角度到宏观角度的转变。Per Pinstrup-Andersen（2009）认为“粮食安全”概念的界定应该从家庭的发展和福利的角度出发，即在获得稳定足量粮食供应的基础上，更注重粮食或者食物的质量和品质，不能让含有较大比例有害物质的食物进入人们的餐桌上。Andersen提出“粮食安全”应该是进一步强调营养、质量、健康等因素的概念。此后，粮食安全涉及的范围越来越广，H. Charles J. 和Godfray（2009）对全世界的粮食安全问题以及未来的粮食安全的保证做出了研究和展望，他认为应该建立一个有效的机制使未来至少可以保证90亿人口的粮食供给。在机制的建立过程中，可以寄托于科技的进步，从而带来粮食生产效率的巨大提升，但是在建立有效的机制时，不应对科技进步产生过多的依赖。另外，作者还提到高收入国家对于粮食食物消费的结构问题以及浪费问题，同时强调了不能以食物大量生产为代价来破坏我们的生态环境。Simon Maxwell（1996）讨论了后现代阶段的粮食安全问题，并总结认为在1974年粮食安全会议之后有三大转变：关注的焦点从全球以及国家层面转到家庭和个人层面；从粮食的生产视角到民生视角的转变；考虑的重点从客观的指标到主观感受的转变。他发现这是随着时间的推移以及社会的进步逐步形成的，并在文中建议粮食安全政策应该更多考虑多样性，避开国家和政治层面，多向家庭和个人层面倾斜，更加注重人文关怀，应该减少因国家政治纠纷而引起的政策不合理以及政策执行的偏移。Dennis Philip Garrity（2010）通过对非洲四个国家过去粮食生产的情况进行回顾，发现气候变化和土壤中的元素流失对于粮食的产量以及收入的增长都产生了负面影响，因此，他们认为在粮食生产地中，应引入适当的树木种类使土壤以及环境得到改善，从而提高单位面积的粮食产量。

技术进步与农业生产率提高对粮食安全意义重大。技术进步在粮食增产中能够发挥重要作用（Fan and Pardey，1997）。技术进步是农村脱贫和促进社会公平的重要因素（Y. Hayami and V. W. Ruttan，1985）。Lin J. Y.（1992）认为，中国粮食生产的技术进步率水平较低。

（2）对农业的利益补偿与支持。

国外对农业的支持主要有以下几种方式：对粮食进行价格支持、一般性的保护和支持、对粮食生产者进行直接补贴、收入补贴等。

收入补贴，尤其是对农户的直接收入补贴是目前采用较多的方法。以美国为例，根据2002年实行的《新农业法》，美国对农业实行按基期产量衡量的脱钩农业补贴政策。农户获得的补贴只与基期的产量和规定的补贴标准有关，而与当年实际种植农作物的品种与产量无关，也与当年农作物价格无关。为了应对市场价格的变化，美国采用反支付周期制度，当有效价格低于目标价格时，对农户按照基期情况进行补贴，这种补贴方式属于部分脱钩补贴模式。

对农业投入方面的补贴通常被认为是有效的。Andrew Dorward 和 Ephraim Chirwa（2011）利用危地马拉2005—2009年的数据对其政府对农民的化肥和种子的补贴政策进行了研究，结果表明，这项补贴对经济增长和粮食安全问题的解决有显著的效果，另外，他们基于全球化国际市场的背景进行研究并发现国际上化肥价格的变动对于政策的实施效果有较为显著的影响。

各个国家的农业补贴政策各不相同，其所表现出的效果也不尽相同，我们应该积极分析并从中吸取经验。欧盟目前的农业补贴政策效率较为低下，有几个表现——低效的农民收入支持政策、不合理的补贴分配制度以及与实际脱钩的转移支付。未来，应该进一步对现行的欧盟的农业补贴政策进行改进，并且也提出了多项代替制度，如按照农户收入的等级以及收入结构对农户的贷款以及收入的所得税进行区别对待（Rong-Gang Cong and Mark Brady，2012）。研究分析新西兰从1980年之后的农业补贴政策可知，这个政策对于新西兰的经济和环境整体上都存在长期的正效应影响，即使短期内有波动，但也是可以接受的波动范围（Vangelis Vitalis，2007）。

对于某些特殊国情的国家，当地政策对其农业生产仍起到影响作用。Christopher Udry（1995）以生产函数模型为基础，通过对非洲不同性别比例的家庭结构对农业产出的影响进行研究，结果表明对于一般的小片土地农户来说，家庭结构以及土地面积的范围对于农业产出有影响，小片的土地承包使得个人农业产出的效率提升了10%，并且促进了竞争，因此作者认为这会对农业政策的制定起到指导性的作用。Shikha Jha 和 Bharat Ramaswami（2010）通过研究印度和菲律宾的粮农补贴对贫困人口收入提高的影响发现，在粮食补贴上提高投入并不能有效地提高印度和菲律宾地区的贫困人口收入，原因是贫困人口在补贴参与上参与度较低，因此该项政策对其影响不大，从侧面反映了这项政策对于贫困人口的瞄准度不足，或者是因为贫困人口在一定的原因上排斥了这项政策。Timothy Besley 和 Ravi Kanbur（1988）通过研究食物补贴政策同减贫之间的关系发现，食物的补贴政策不仅可以有效地降低农村贫困地区的贫困状况，还可以有效地解决当地的粮食生产问题以及该地区农户收益的问题。Harold Alderman 和 KathyLindert（1998）通过研究南非和突尼斯两个地区的商品补贴的自主选择机制来验证这样的机制是否可以将一部分的利益分配让给贫困人口。研究发现，尽管其可以明显地提升最贫困人口的收益，但是在影响减贫以及收入提高的问题上受制于收入不平等、个人的补贴额度以及优先选择机制。因此，在补贴机制的选择上应该更为精确地考虑这些因素，从而设计出更为合理的制度。

（3）粮食生产相关研究。

Kame Louhichi 等（2010）认为土壤侵蚀是农业可持续发展的一个重大威胁。

Arega D. Alene 和 V. M. Manyong（2006）研究了非洲地区的农民受教育程度对当地农业生产的影响，结果表明，农民受教育程度越高，其生产能力也就越强，两者显著正相关。S. Holden 等（2004）认为，对农村增加投资力度能够促进粮食产量提升。

Venkatamallu 等（2009）以印度沃那村为例，研究农民获得信息情况对农业的影响，结果表明，农民拥有通信设备与否、设备信息畅通情况对农业交易成本大小影响显著，两者呈显著负相关。

1.3.2 国内文献综述

（1）粮食安全的相关研究。

目前，关于我国粮食安全情况仍然存在两种争议。

大部分专家指出中国粮食总体上来说是“安全”的。有学者从全国粮食产量走势提出粮食“安全”的观点（鲁靖等，2004）。也有专家通过构建一系列衡量粮食安全的指标体系，实证分析当前我国粮食安全的现状，得出粮食安全的结论，如刘振伟（2004）总结出若干条判断“粮食安全”状况的准则：第一，粮食种植面积不低于0.011亿平方千米；第二，粮食自给率不低于95%；第三，人均粮食拥有量不低于0.4吨；第四，全国总耕地数量不低于0.017亿平方千米；第五，粮食储备率不低于18%。张全红（2011）选取粮食自给率、粮食储备率、粮食进口可获得性、粮食增长率与人口增长率变化水平、人均粮食拥有量、技术进步率等指标进行粮食安全状况分析。田甜等（2015）运用粮食安全指标（GFSI）从支付能力、供应能力、品质与安全三大指标出发，分别赋予权重，计算总得分。黄季焜（2004）研究指出，我国粮食安全问题体现在食物供给方面，粮食安全中最薄弱的环节在于粮食的储备与相关管理措施不足以及家庭可获得食物的安全性保障问题。

很多学者也指出，我国目前的粮食安全并不是绝对的，仍然存在巨大风险。粮食安全主要表现就是存在各类不稳定因素，从长期看来，主要体现在生产角度（柯炳生，2004；丁守海，2008；居占杰，2011）。其中较为严重的隐患表现为粮食消费量大量增加以及可耕地不足。王明华（2007）对我国粮食安全形势进行分析并指出，首先，我国粮食尽管总量不断增加，但由于消费量、人口不断增加，粮食供求总体处于“紧张平衡状态”。其次，由于后备耕地不足、主销区耕地非农化等现象，给我国粮食安全增加隐患。张永恩等（2009）认为，随着城镇化水平及人们生活水平的提高，相应地，对粮食需求也继续增加，而单位面积粮食产量在经历过化肥使用带来的亩产大增之后，增幅开始趋于平缓，长此以往粮食供求平衡可能会被打破。除了上述几个方面的隐患，王雅鹏等（2011）跳出粮食安全的直接观察指标，从气候变化、碳排放角度、转基因技术三个角度出发，分析其对粮食安全的影响，提出应该大力发展农村基础设施建设、提高水利设施的建设。

（2）“对粮食主产区进行利益补偿的依据”相关研究。

已有的文献主要从如下几方面入手：

首先是从保障粮食安全、促进区域发展角度，考虑对主产区进行补偿的相关研究。要想保证全国粮食安全，必须注意保护粮食主产省的经济利益和农民利益，才能保证其种粮积极性（颜宏晖，1998；潘刚，2011）。粮食主产区内部存在粮食生产与经济发展的矛盾，必须依赖构建与完善粮食主产区利益补偿机制才能转变外部效应内部化，从根本上保护当地政府与农户的种粮积极性（赵波，2011；崔奇峰等，2013）。粮食主产区利益补偿机制即是国家粮食安全补偿机制（蒋和平，2013）。部分学者提出，构建粮食主产区利益补偿机制不仅是确保国家粮食安全的需要，更是中部地区崛起的必经之路，是建设和发展农业现代化的需要（张德元，2005；张冰等，2013）。

其次是粮食主产区经济利益受损层面分析对主产区补偿的相关研究。

粮食生产对当地经济发展的确存在一定的抑制效应，人均粮食生产数量越高，相应的人均财政收入水平则越低（张忠明，2012）。粮食生产对主产区当地经济带来诸多问题：第一，较高的耕地机会成本，粮食作物与其他作物的收益差距较大；第二，农民择业就业的机会成本，当前大部分农民以兼业状态出现，即在耕种粮食的同时每年也会外出务工，当收获时节来临时，许多农民需要往返于工作与田间，造成了时间与金钱的成本，部分甚至需要暂时放弃工作机会；第三，付出过多的配套资金机会成本，由于重视粮食生产，相应的主产区农业相关项目也较多，为此政府需要进行资金配套，这部分资金大部分由主产区承担，也就无法投资于回报率更高的产业中，使资金的使用产生了机会成本；第四，流通环节粮食生产成果转移到其他地区（田建民，2010）。有学者认为，工农产品“剪刀差”使粮食主产区利益严重受损，我国现行的偏向性的发展战略是导致粮食产销失衡的直接原因（高瑛，2006）。张海姣等（2013）从粮食主产区经济发展水平落后、产业结构不合理，粮食生产成本过高，利益流失现象严重三个劣势出发，对主产区利益补偿的必要性进行了阐述。粮食主产区在承担了粮食生产任务之后，出于实际需要与便利性考虑，仍需要承担起粮食储备的责任，相应的成本由主产区自己承担，无疑从另一方面造成了主产区的利益流失（张正河等，2012）。当前对各个地方政府的工作考察仍局限于经济方面，考核指标较为单一，粮食主产区在这方面也吃亏较多，总的来看，主产区从政府到农民、从经济到农业均遭受到一定程度的损失（杨建立，2015）。

再次是粮食生产的自然属性与外部性引发的对主产区进行补偿的研究。多数学者认为粮食是弱质产业，受自然等因素影响较大，此外，由粮食带来的粮食安全具有公共物品属性，这两种特性使得粮食生产过多地受到外界条件影响，因此必须由政府介入，保障弱质产业、调整粮食的外部性，才能保障粮食生产平稳（梁世夫，2005）。也有学者认为，农业生产对于阳光、雨水等自然环境要求较高，粮食生产具有明显的季节性与地域性，因此供给受到的影响较多，具有一定的不确定性，但是，与之对应的粮食消费是比较稳定且逐步上涨的，粮食需求呈现连续性与全年性特点，这种供给与需求间的特殊性要求我们必须强调粮食生产工作，加大生产方面的投入力度；作为粮食生产的主要承担部门，粮食主产区贡献巨大，并且为全国提供了粮食安全这一准公共物品，非主产区各地并未承担起相应责任却享受了粮食安全红利，长此必将导致公共物品生产数量无法满足当前需求的状态，解决这一问题的关键在于外部成本内部化，也就是说，利益既得方应该向受损方支付一定成本（张正河等，2015）。粮食的消费仅能由某个人进行，因而具有排他性与竞争性，从这一角度来讲，它属于私人物品范畴，但是由粮食供给充足而带来的粮食安全，却是整个国家之下所有单位与个人都可以享受到的，并且无须支付任何成本，从这一角度理解，粮食安全是公共产品；公共产品若任由市场进行调节，所生产的产量远远无法满足需求，粮食安全也一样，因而必须由政府介入，才能平衡供求关系（沈琼，2014）。潘刚（2010）分析了粮食主产区面临的自然资源问题，主要有以下方面：耕地资源匮乏，土壤肥力下降，耕地面积减少的同时耕地质量也在下降，水资源短缺。

最后是从粮食主产区农民层面讨论对主产区补偿的研究。盛来运（2003）、江金启等（2008）提出要始终坚守保障粮食安全、稳定农民收入的政策目标，合理确定粮食直补额度，切实保护农民利益。吴连翠等（2012）利用安徽农民数据通过决策行为模型，研究了农户非农劳动时间的影响因素，结果显示，粮食补贴额度越高，农民的非农就业时间越少，两者呈显著负相关，粮食补贴政策在提高种粮积极性方面具有积极作用。关付新（2010）认为，中部粮食主产区农户多以兼业化小规模经营形式为主，此类农户在生产过程中不断出现劳动力转移趋势，越来越多的兼业农民更倾向于从事非农劳动；剩下的部分非兼业、专门从事农业生产的农户变化趋势也比较明显，他们更倾向于种植其他种类的作物，而非粮食作物，总的来说，农户层面的种粮积极性不高，粮食安全受到影响。

（3）已有利益补偿机制存在问题的相关研究。

第一，粮食补贴中存在的问题。首先，我国粮食综合性收入补贴力度不足，补贴额度小，补贴范围并未覆盖所有粮食种植面积，各类专项补贴机制不健全，补贴额度低、配套工作跟不上（蒋和平，2014；乔鹏程，

2014；王姣等，2006）。其次，很多学者认为由于粮食补贴政策的局限性，该政策未能起到提高农民种粮积极性的作用，代表学者有李韬（2014）、张淑杰等（2012）、黄季焜等（2011）、蒋和平等（2009）、李鹏等（2006）、王雅鹏（2008），究其原因主要有如下三点：①粮食补贴政策在一定程度上对市场产生了扭曲；②农民种粮行为对粮食补贴的反应变为了有则维持、无则减退的状态；③粮食补贴力度较低，粮食补贴资金额度不够。再次，从粮食补贴政策的实施角度分析，主要有如下四个方面问题：一是正确统计需要补贴的耕地面积难度较大；二是各类补贴相关信息填写不完整、不准确；三是组织领导缺失；四是后续经费保障不足，部门之间互相推诿责任（侯景明，2011；田建民，2010）。最后，李国璋等（2005）对我国粮食最低收购价政策、农业生产资料补贴政策等进行分析，得出如下观点：粮食最低收购价政策耗费了大量财政资金，但是起到的期望作用较小，反而带来了粮企效率低下等副作用；粮食最低收购价政策并未起到大幅提高农民收入的作用，农民种粮收益仍然十分低下，使得粮食消费者状况变坏。

第二，产粮大县政策中存在的问题。首先应该肯定的是以产粮大县奖励政策为代表的补贴机制能够有效弥补利益损失，以达到促进当地财政增收、提高主产县种粮积极性、维持区域协调发展等目的（邓舒仁，2010）。但是在政策的具体实施中仍存在诸多问题：首先，也是最为突出的一点，产粮大县奖励资金不足，尽管奖励资金从总量上来说较大，但是由于当地财政支出远高于财政收入水平，仅依靠奖励资金仍无法满足主产县的财政需求（张忠明，2012；乔鹏程，2014）。①产粮大县奖励政策效果差强人意，灵活性不足、激励作用不明显，“产粮大县、财政穷县”无法得到根本改善（蒋和平，2014；乔鹏程，2014）。

第三，整体制度设计层面。当前对粮食主产区的补偿机制，还有几点不足：从政府层面来讲，粮食主产区农业基础设施防范自然灾害的能力缺失，薄弱的农业基础设施受到频繁自然灾害的极大威胁，农业基础设施管理体制缺失，管理不作为、不到位且缺乏明晰的产权制度，农业基础设施建设投资缺失，中央政府和地方政府（尤其主产区）的利益、主产区利益与主销区利益之间无法有机统一，一方获得利益是以另一方的利益损失为代价，国家的政策偏向导致利益转移，最终导致产销利益严重失衡（高瑛，2006）；从市场层面来讲，市场机制不完善，农民个人能力不足、信息获取途径与反应能力较差，导致农业资源利用率不高，粮食主产区集约化程度低、经营方式粗放，粮食产业组织结构不完善，产业组织体系和中介机构等还在构建中（张立迎等，2015）；从粮食主产区自身来讲，粮食生产社会化服务水平偏低，主要体现在三个方面：首先，社会化服务机构较少，粮农在生产、销售等过程中遇到问题时大都无法通过特定机构寻求帮助；②社会化服务内容比较单一，当前已有的社会机构仅能够从粮食播种与收获阶段提供部分服务，缺乏其他服务类型；最后，社会化服务不够及时，诸如粮食收购时间延后等情况不断出现（杨建立，2015）。

（4）完善粮食主产区利益补偿机制的相关研究。

第一，完善与发展粮食补贴机制。当前的粮食补贴政策对促进农民增收、加速主产区经济发展、提高粮食产量方面效果显著，未来可以继续改进这一政策，使其发挥更大作用（辛岭等，2014）。①应该大力提高对农民的直接补贴力度，对个别直接补贴政策加以改进（蒋和平，2014）；②改进农机具购置补贴政策，转变良种补贴政策的供给来源；③加大产粮大县奖励资金额度，取消部分产粮县区的农业配套资金，减轻当地负担；④促进粮农增收，促进粮食的规模化经营、提高补贴额度（魏剑锋，2012）；⑤构建一套综合补偿体系，包括以现金形式为直接手段的资金补偿，以生产资料供给等为手段的物质补偿，知识技术推广、培训等服务补偿，干部利益补偿等，来达到提高主产区政府层面与农户层面种粮积极性的目的（杨建立等，2015）；⑥补贴政策重点应向种粮大户倾斜，促进农地规模化经营，转变当前粮食补贴额度的测算依据，把仅依赖种植面积测算变为同时根据商品粮提供质量与数量、粮作面积来测算的方式（王守祯，2013）。

第二，提供粮食主产区各类资金支持。有学者指出，财政支持作为重要公共政策手段和有效的调控手段，对提高粮食产业的经济效益、市场竞争力，增加粮农收入，以及保障国家粮食安全，具有不可替代的战略作用（马静，2008）。有学者强调通过成立补偿专项资金，用来支持主产区经济发展，弥补主产区生产粮食导致的机会成本，主要用于对粮食主产区政府层面和农民层面的转移支付，对政府层面的转移支付可以用来改善基础设施建设、增加经济方面投资，对农民层面的转移支付可以用来间接提高农民收入水平（张海姣等，2013；张忠明，2012）。部分学者提倡设立青年农民种粮专项资金，该资金主要用于扶持青年农民开展规模化粮食生产，促进新一批种粮大户的产生，为我国开展农业现代化做出贡献（蒋和平，2014；乔鹏程，2014）。

第三，完善配套政策。完善粮食主产区政策性农业保险机制，加大金融扶植力度，健全农村金融体制，建立和完善粮食主产区粮食流通体系、储备和管理体系（张立迎等，2015；蒋和平，2014）。完善粮食主产区税收制度，增加粮食主产区财政收入，首先，对农产品深加工企业实行税收改革，支持主产区所在地发展粮食深加工；其次，改变粮食深加工企业的税收分成，使利润尽可能地保留在当地（康涌泉，2013）。完善多途径的补偿机制，从货币支持与非货币化形式两方面进行，如社会保障、就业培训等，以达到提高农民整体满意度的目的（王立勇等，2014）。完善农地流转机制，大力推进土地适度规模经营（蒋和平，2014）。转变当前补偿机制的侧重点，减少对主产区的直接补偿方式，转而注重提升主产区自我发展能力，提高内在活力（张扬，2014）。

第四，完善粮食主产区对主销区的转移支付。目前主要有两类：第一类是建立粮食主销区对主产区投资式的粮食产销协作，鼓励粮食主销区对主产区所在地的粮食相关企业进行投资，提供资金与技术支持；建立直补式的产销协作，对有协作关系的粮食主产区，实行粮食异地直补，确保其按主销区所要求的粮食品种、质量和数量进行生产（何蒲明，2006）。第二类是实施粮食跨区域交易，具体有三个步骤：第一步，主销区粮食缺口确定，主销区计算自身生产与消费间的粮食缺口，并上报中储粮；第二步，粮食生产能力指标分配，中储粮把主产区超额生产粮食的指标分配至主销区；第三步，确立补贴，粮食主销区根据所分配得到的主产区生产能力指标数量给予粮食主产区一定的价格补贴，中央政府与地方政府再根据耕地数量对每亩进行补贴（张海姣等，2013）。

第五，促进农民增收。对于农民增收方面的研究较多，许多学者从不同角度论述了增加农民收入的途径。郭占庆（2002）、范小建（2002）等指出，增加粮食主产区农民收入应从调整农业生产结构、减轻粮农负担入手，增加农业生产设施投入，加大对农业的支持保护力度，加快农用地流转和规模化种植，减轻农民负担。潘盛洲（2003）、刘拥军等（2003）指出，种粮农民收入的提高与市场体制的完善关系紧密，要持续增加粮农收入，应该强调市场制度重要性，加快农村劳动力转移、提高剩余粮作农民的农地规模水平。杨辉（2008）认为，应通过加强对农民的教育、培训等途径，提升农村人力资本能力，提高农民的综合素质，提高劳动效率，最终达到增加农民收入的目标。柏振忠（2010）从农业引进角度进行分析认为，我国应该拓宽投资体系，重视引进后的一系列工作，强调先进的管理机制，以起到发挥技术特长、促进农民增收的作用。周逢民（2012）指出，为种粮农民提供金融服务与保险方面的支持，能够有效促进粮农收入增加。

（5）利益补偿资金来源的相关研究。

第一，设置税种。冯海发等（1997）认为，可以通过改变主产区内农产品加工企业的税收来调节当地企业的发展，如在某些时段内减免部分应缴税收。杨建立等（2012）提出征收庇古税，庇古税的本质是通过对产生负外部性的生产者征收税收，或对产生正外部性的生产者给予补贴，最终达到正外部性效应内部化的一种修正性税种。由于粮食生产具有正外部性，因此应该在粮食主销区征收庇古税，凡是消费粮食的行为均要按照一定比例征收庇古税，由粮食主销区政府转移给粮食主产区政府，最后完全转移给广大种粮农户。张忠明（2012）提出粮食消费者向中央政府缴纳低税率的粮食安全税，征收理由是主销区消费者获得了利益，征收目的是补偿主产区利益损失。朱新华（2008）提出征收“机会成本税”，征收依据是粮食主产区土地在用于粮食生产和发展二三产业时，收益差别巨大，因而产生机会成本；征收对象主要为摆脱粮食生产重担的粮食主销区；税收资金的作用是对粮食主产区的利益补偿，以起到弥补损失、保障粮食安全的作用。

第二，粮食主销区政府出资。张忠明（2012）认为可以从粮食主销区每年的土地出让金中提取部分资金作为主产区利益补偿之用。朱新华（2008）提出可以从主销区政府的GDP中进行提成，这样做的依据在于主销区由于卸下粮食生产重担，土地大量由农地转向非农用地，带来经济的快速发展，表现在GDP上即为GDP快速增加，通过对GDP的提成，可以在一定程度上公平分配财富。马文博（2013）提出凡是享受到粮食安全红利而未尽到足够义务的中央政府、地方政府均有承担起对粮食主产区利益补偿的义务，即有义务提供补偿资金；资金的来源可以是当地土地使用费的一部分，也可以是土地出让款的一部分，还可以是耕地占用税等与土地相关的税收收入。

第三，社会与市场途径。朱新华（2008）提出可以通过产销协作方式实现粮食主产区利益补偿，主要有三种形式：一是协议价格补偿，主产区负责向主销区提供商品粮，主销区按照市场价格购买，此外，单位数量的粮食还需额外支付一定费用，构成利益补偿费用；二是产业发展补偿，粮食主销区往往经济比较发达，有能力且应该帮助主产区发展粮食产业；三是异地储备补偿，存储在主产区的粮食，其中外调至主销区的部分应该由主销区负责承担起相应的仓储、调运等相关补贴费用，以减免主产区负担。

（6）利益补偿额度的相关研究。

对利益补偿的具体额度的测算目前来说研究仍然较少。已有的学者主要以模糊计算的方式获得研究结论。例如，通过对主产区土地的利用情况进行推算，代表学者有张忠明、沈琼等。张忠明（2012）认为，补偿额度可以利用单位面积补偿金额与需要补偿面积的乘积进行计算，单位面积耕地补偿金额利用耕地的机会成本表示，耕地除了用于粮食生产之外，还可以运用于其他类农作物种植或者是运用于二三产业中，其所带来的机会成本是不同的，因此对补偿金额的确立也采用两种标准，一个是土地运用于建设用地时的收益，另一个是土地运用于粮食作物以外的农作物种植时产生的收益；补偿面积则根据一个地区粮食必要播种面积与真实播种面积的差值来确定。沈琼（2014）指出，对粮食主产区的补偿金额可以通过粮食超额播种面积与单位面积补偿额度的乘积进行计算。超额粮食播种面积指产量超出国家规定的区域粮食自给率标准的部分，各省份根据自身人口数量和耕地条件，确定必要的粮食播种面积，实际播种面积与必要播种面积的差额即为超额粮食播种面积；单位面积耕地补偿金额是耕地的机会成本减去粮食生产收益，耕地理论上有两种用途：一是种植其他作物，主要作为衡量种粮农民的机会成本；二是转作非农用地，用于衡量主产区政府的机会成本。

也有部分学者从侧面来推算利益补偿的标准，如杨建立、贾贵浩等。杨建立等（2015）提出，计算粮食主产省层面的补偿标准，首先找出所有不低于（包含）粮食主产省财政收入的省份，其次计算这些省份的财政收入均值，最后利用该均值减去主产省财政收入额度即为所求补偿标准；计算粮食主产省农民的补偿额度，按照农户种粮年收入不低于其外出务工收入的机会成本进行补偿，以 2012 年河北省为例，对该省的补贴额度应为 1593.94 亿元。贾贵浩（2012）提出，让当前的利益补偿额度与商品粮数目进行挂钩，第一，商品粮数量与农业项目资金挂钩；第二，商品粮数量与农户补贴额度挂钩，以起到提高政府与农户种粮积极性的作用。王守祯（2013）指出，对主产区利益补贴标准的确立不应该是固定不变的，应该设立长效机制，使其随着物价水平、人工成本、农业生产资料成本等的上涨不断提高。庄皓雯等（2014）以临沂市数据为代表，运用条件价值评估法（CVM）测算了当地耕地保护利益补偿标准，模型显示，当地农村居民与城镇居民对耕地保护的年度支付意愿分别为 24.51 元/平方千米和 46.21 元/平方千米，临沂市耕地保护的总补偿价值为 300.81 亿元。

（7）农户种粮积极性影响因素研究。

大量学者针对农民种粮积极性开展了研究，许多有价值的研究成果不断涌现。

部分学者从农户个体角度出发，研究农户个体层面的因素对种粮意愿可能产生的影响。周明清（2009）指出，农民的年龄与其种粮积极性成正比，受教育程度与种粮积极性成反比。李明贤（2013）从务农者结构、素质的角度出发，认为农村劳动力年龄、性别、文化程度、务农务工经验对其种粮意愿有影响。部分学者认为性别对个体种粮积极性有影响（何军等，2010），但也有学者反对这一说法（周明清，2009）。

很多学者从经济角度着手，研究成本、收益等对农民种粮积极性的影响。周明清（2009）等认为粮食价格与生产资料价格对农民种粮积极性影响显著。罗丹等（2013）认为制约农民种粮积极性的主要因素，是单个经营主体的绝对收益低下。袁宁（2013）发现耕地规模、纯收入水平和农业经营收入占总收入的比重都与种粮积极性正相关。

也有很多学者着重研究国家惠农政策对农民种粮积极性的影响。这方面的研究很丰富，目前形成了截然不同的两种观点，袁宁（2013）、陈慧萍等（2010）、刘克春（2010）、周应恒等（2009）认为粮食补贴政策能增加粮食产量和农民收入，因而能够调动农民种粮积极性。程国强等（2012）指出，可以通过完善粮食最低价收购政策与粮食补贴政策等多种方式，达到促进农民增收、提高农户粮作意愿的目的。而另一种观点截然相反，认为各项补贴政策未能起到提高农民种粮积极性的作用，代表学者有李韬（2014）、张淑杰等（2012）、黄季焜等（2011）、蒋和平等（2009）、李鹏等（2006）。除了上述几类研究，孙晓燕等（2012）提出利用土地托管提高兼业农户种粮积极性。

（8）农户种粮收入相关研究。

中央政府历来十分重视农民增收问题。改革开放以来，我国农民收入持续增长，从统计数据中可以看到，农村居民人均纯收入的增长越来越依赖于务工收入和非农经营性收入，来自种植业的收入在过去十几年中提升非常有限（钟甫宁等，2007）。种粮收入作为农业收入的主要部分，在保障粮食安全、提高农民生活水平、促进“三农”发展等方面意义重大。近年来，关于农民种粮收入的研究取得了很大进展，但是对于农民种粮收入的目标值却没有较为清晰的认识。一方面，农民种粮收入低于外出务工收入与城镇居民收入（钟甫宁等，2007；朱长存等，2009）；另一方面，由于人力资本等因素，农民无论从事务农还是外出打工，平均收入水平均不会达到城镇居民平均收入水平（白雪梅，2004；李勋来等，2005；朱长存等，2009），农民收入相对较低有其存在的合理性。这不禁引起我们的思考，农民种粮收入究竟在什么范围才是比较合理的水平呢？当下我国农业补贴政策力度较大，补贴总额度较高，以此为背景的农民种粮收入是否已经超过其应有的合理水平？又或者是农民种粮收入一直低于其劳动应得收入，未来应继续提高，以保障我国农民种粮积极性、保障国家粮食安全？因此，讨论当前经济水平下农民种粮收入的合理区间，具有十分重要的意义。明晰农民种粮收入的合理区间，更有利于国家制定相应政策，做到有的放矢。

现有关于农民种粮收入方面的研究主要集中在种粮收入影响因素分析、促进农民种粮增收的方法途径等方面。温铁军（2001）认为我国农民种粮收入水平低的原因是粮食作物种植的收益率低，而吴江等（2010）指出农户种粮面积对种粮收入水平的影响较大，只有扩大土地生产经营规模才是有效降低粮食生产成本的根本途径。上述文献提出种粮收入低的观点，但是并没有给出当前种粮收入究竟比它本该达到的收入水平低多少的范围界定。马彦丽（2005）、李鹏（2006）等认为，粮食补贴政策能够促进农民粮作收入增加，但是起到的作用比较小，原因在于当前的补贴水平仍有待提高。彭克强（2009）、闵锐（2011）认为提高粮食价格是促进粮农增收的关键因素，提高粮食单产也是促进粮农增收的重要因素。李鹏等（2011）、卢向虎等（2008）认为成本上涨是阻碍粮农提高收入的一大因素。目前并未有文献指出，在我国现阶段国情下，农民种粮收入可以达到的上限。

1.3.3 对已有文献的评述

第一，从补偿角度，已有文献缺乏对粮食主产区政府角度进行利益补偿的相关研究。许多学者对构建利益补偿机制的必要性方面做了大量有意义的研究，对主产区进行利益补偿的共识是基本一致的，但是目前学者们提出的比较明确的利益补偿对象主要包括农户与粮食主产县。把农户与粮食主产县作为补偿对象无疑是正确的，但还不够。粮食主产区是以省为单位，在本省范围内开展大规模粮食生产，主要的产粮县会存在利益损失，整个省也同样会面临利益受损，并且省级利益受损的经济总量往往比县级要更高。因此，在确立利益补偿对象时，笔者认为有必要以省为单位进行讨论，从粮食主产省层面分析利益补偿机制的必要性与补偿标准。对主产省层面进行补偿，更容易使粮食主产区整体获得主动性、自发调节省内各个方面的补偿机制。

第二，从对主产区省层面的补偿额度测算方面，已有文献缺乏对粮食主产省层面利益损失额度和补偿额度较为准确的测算。张忠明（2012）、沈琼（2014）等以补偿土地机会成本为思路，按照粮食实际播种面积与必要播种面积间的差值来确定补偿范围。这种测算补偿额度的方法，在思路上是正确的，与本书在第 4 章中分析粮食主产区利益受损的思路也较为一致。但是，这种方法存在两个问题：其一，假设不存在粮食主产区与粮食主销区的划分，而国家在保障粮食自给率的诉求下，全国范围内仍需要相对固定的粮食播种面积，不同省份粮食播种面积的确定，仍会受到各省土地机会成本的影响，因此，主产区所在省通过机会成本的选择，仍然会生产多于本省需求的粮食，额外粮食播种面积仍存在，但小于当前的额外播种面积。综上所述，利用实际播种面积减去必要播种面积来衡量主产区需要补贴的范围，是不准确的。其二，土地运用于除粮食种植之外的用途非常广泛，因此只能给出机会成本取值的大概范围，导致计算出的粮食主产区补贴额度的浮动范围也十分大，给政策决策提供的可参考性也大大减弱。杨建立等（2015）提出按照主产区财政收入与其他高财政收入省份平均值间的差，进行补贴。这种补贴方法虽然能得出一个补贴额度的确切值，但是补贴测算方式太过笼统，搞大平均主义会对高财政收入省份的发展热情带来损伤。综上所述，现有的计算方式不够准确，与事实存在较大出入。对主产区所在省的利益损失进行较为准确估计具有重要意义，是制定利益补偿机制的有力参考。

第三，从农户补偿额度测算方面，已有文献在研究农户层面的利益补偿时，往往仅从弥补农户外出务农机会成本的角度进行衡量，缺乏对不同劳动力的劳动能力的考虑。不同农民劳动能力的不同，代表着其单位劳动时间获得回报的能力也不同，放入机会成本中进行考虑的时候，含义是不同农民由于劳动能力不同，其是否能够获得工作机会的概率不同并且获得的工作机会的劳动报酬也不同。因此，把外出务工的机会成本与决定个体获得务工机会水平高低的劳动能力结合起来统筹考虑，能够更为准确地反映出农户应得利益补偿水平。

第四，从具体补偿方式方面，已有研究文献中，均明确表示粮食主销区应该纳入利益补偿机制中，成为补偿资金的来源方，但是并未就具体实施政策进行细致探讨。因此，在本研究中，希望通过对该问题的分析，提出一个合理的、可操作的具体政策来达到主销区对主产区进行利益补偿的结果。

1.4 研究目标与内容

1.4.1 研究目标

保障国家粮食安全，从长期看，要依靠规模集约化、科技等手段提高粮食生产效率，而从短期看，需要保障耕地数量、保障粮食主产区与粮作农民的种粮积极性。现行的政策有农户层面的各类粮食补贴政策、政府层面的产粮大县奖励政策等，针对补偿资金供给的粮食风险基金制度等。上述政策对缓解粮食主产区面临的矛盾情况产生了积极作用，但是并没有起到充分补偿粮食主产区及农民经济损失的作用。因此，通过对现有机制产生的效果与存在不足进行分析，找出对粮食主产区各个层面进行利益补偿的依据，测算出针对粮食主产区政府与农户的准确的利益补偿额度，以期完善对粮食主产区的利益补偿政策，显得十分必要。

结合已有文献的研究不足与作者的写作思考，提出本研究的总体研究目标：通过分析粮食主产区省的层面与农户层面由于大量生产粮食而导致利益流失提出对粮食主产区省的层面与农户层面进行利益补偿的依据；然后计算粮食主产区省的层面的利益损失额度，并计算农户层面每亩应得的利益补偿额度；通过分析当前正在实行中的对粮食主产区的利益补偿政策，找出其产生的作用与存在的不足；最后结合上述几方面研究结论来完善对粮食主产区的利益补偿政策。

具体目标如下：

第一，分析粮食主产区省一级层面与农户层面存在的利益损失以及开展利益补偿的依据。

第二，实证分析粮食主产省层面由于发展粮食生产导致的利益流失状况，并据此测算相应补偿额度。

第三，分析影响农户层面种粮积极性的因素。

第四，依据个人劳动生产率与机会成本，测算农户每亩粮食耕作土地上应得的利益补偿额度。

第五，实证分析现有的利益补偿机制产生的效果以及存在的不足。

第六，提出政策与建议，完善对粮食主产区的利益补偿机制。

1.4.2 研究内容

本研究重点从如下几个方面开展工作：

第一部分是对本研究所用的案例——河南省，从粮食生产方面与经济水平方面进行梳理，明确河南省粮食生产与经济发展方面的现状。该部分内容被放置在第3章。

第二部分是对粮食主产省层面的利益补偿研究。该部分包括第4章与第5章。主要包括两部分内容：首先，从粮食主产省角度分析粮食主产区耕地、相关农业资金的机会成本，并与粮食主销区耕地的机会成本进行对比分析，明确主产区承担的发展粮食生产的利益损失，为粮食主产区利益补偿提供依据。其次，运用倾向性评分倍差法，对粮食主产区所在省由于成为主产区一员而导致的对GDP的影响情况进行模型估计，计算主产区所在省由于发展粮食生产导致的经济损失。

第三部分是对主产省农户层面的利益补偿研究。该部分包括第6章与第7章两部分内容：首先，从农户种粮积极性角度与农户收入角度，分析农户层面利益补偿的依据。其次，引入人力资本能力概念，分析主产区农户在排除个人劳动效率差异后的粮作劳动单位时间应达到的收入水平，再与实际劳动收入水平进行对比，找出之间的差距，为农户层面的利益补偿额度提供参考。

第四部分是对现有粮食主产区利益补偿机制的分析。该部分包括第 8 章。找出现有利益补偿机制产生的效果与存在的不足，为完善利益补偿机制提供参考。

第五部分是利益补偿机制的完善。该部分包括第 9 章。根据粮食主产省与农户层面的利益损失状况与损失额度，结合当前利益补偿机制存在的问题，构建新型补偿方式，完善粮食主产区利益补偿机制。

1.4.3 研究思路与研究框架

研究粮食主产区的利益补偿机制问题，核心有三点：首先，我们要确定利益补偿机制是否有实施的必要性，即为什么要补；其次，当明确补偿机制的必要性后，我们需要探讨粮食主产区的利益损失情况，明确补偿额度，即补多少的问题；最后，补偿额度确立后，要讨论以什么形式去补，即怎么补的问题。明确上述三点内容，便能够对粮食主产区的利益补偿机制问题有一个比较全面的了解。

上文中已分析，粮食主产区域利益受损的单位或个体可以认为有两个，一个是粮食主产区的政府，一个是粮食主产区农户，因此本研究分别从粮食主产区政府层面与农户层面着手，按照“为什么补、补多少、怎么补”的思路分析利益补偿机制问题。

(1) 为什么补：研究区域概况与补偿依据。

本研究以河南省作为案例进行剖析，因此，第 3 章中就河南省的基本情况、粮食生产与供给情况与经济状况进行说明与分析。

围绕土地与资金两个利益损失焦点，以机会成本理论为中心，对政府层面的利益补偿依据进行分析。

对农户层面而言，农民是粮食生产的直接参与者，农民的生产行为直接关系到粮食产量，农民种粮行为与粮食安全息息相关，此外，农民务农收入受到土地数量制约，省内打工受经济环境限制，省外打工又太高务工成本，造成农民收入水平仍然较低。因此，针对农户层面的补贴依据主要从农民种粮积极性与收入情况两方面进行分析。

（2）补多少：补偿额度测算。

首先，政府层面补偿标准测算。对粮食主产区政府的补偿标准，要依赖于粮食主产区的利益亏损情况而定。本研究引入倾向性评分倍差法，首先为粮食主产区所在地市匹配出经济发展、粮食生产方面较为相近的非主产区地市作为参照，通过分析粮食主产区各个市与匹配出的参照组所在地市间发展程度的不同，模拟粮食主产区各市刨除承担粮食生产责任后应有的经济发展速度与发展水平，来还原粮食主产区政府在不承担大量粮食生产责任时的发展速度与发展水平，并与实际做对比，找出其中的差距，作为利益补偿的依据。

其次，农户层面补偿标准测算。综合考虑人力资本因素与劳动的机会成本，以受教育水平为标准对个体的劳动能力进行衡量。计算农民标准工作时间下的理想收入，再把农民当前务农的收入水平进行标准化计算，与理想收入进行对比，找出差距，据此确定补贴额度。

（3）怎么补：补偿机制分析与完善。

第一，已有补偿机制评价。针对政府层面的补贴，目前仅有产粮大县奖励政策，尚不够弥补其损失，缺乏对粮食主产省层面的利益补偿政策。农户层面的补贴较多，通过采集农户层面的样本数据对补贴政策绩效进行评估，最终目的是找出现有补偿机制的不足，为提出新的补偿机制提供参考。

第二，完善粮食主产区利益补偿机制。根据对利益补偿必要性、补偿额度的研究结果，结合当前补偿机制的效果与不足，提出完善利益补偿机制的建议。

本研究整体的研究框架如图 1-1 所示。

首先通过大量文献阅读，以及对作为本研究案例的河南省从粮食方面与经济方面进行分析，了解当前粮食主产区利益补偿问题的研究状况以及主产区当前的状况。其次从粮食主产区省的层面和农户层面分析对其进行利益补偿的必要性分析，然后测算主产区省层面与农户层面的利益补偿额度。通过对补偿额度的测算，一方面能够以实证形式论证主产区存在利益损失，为主产区进行利益补偿提供实证依据，另一方面还可以为完善对主

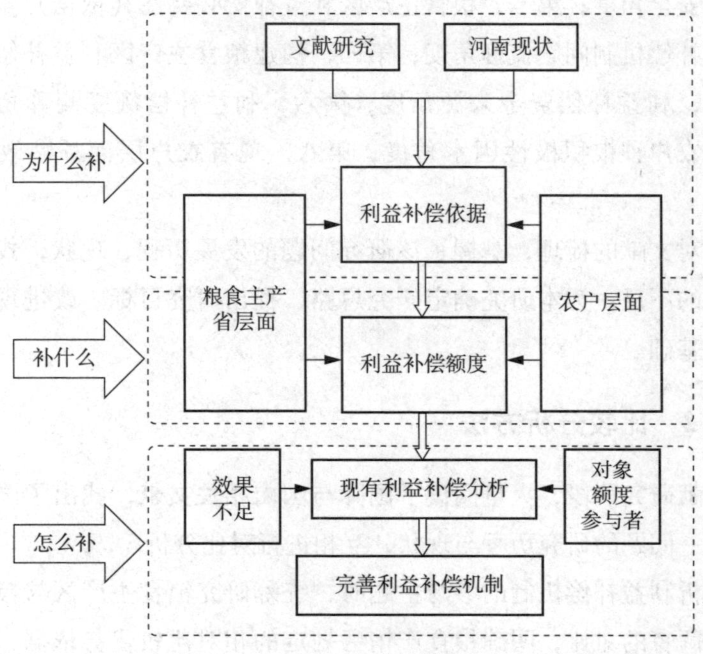

图 1-1 研究框架

产区的利益补偿机制提供参考。

在研究完上述问题之后，本研究对已有的利益补偿机制产生的效果与存在的不足进行分析，找出现有政策的优缺点，为完善主产区利益补偿机制提供参考。

1.5 研究方法

1.5.1 文献研究方法

本研究在写作之初，从中国知网、谷歌学术、SCI、SSCI、EI 等数据库中，查阅了大量文献，从国外到国内，对与“粮食主产区的利益补偿机制”相关的文章、值得参考的理论、方法文献，进行了深入细致的研读。在大量阅读的基础上，对国外文献从粮食安全、农业利益补偿与支持、粮食生产几个方案进行梳理，对国内的文献则从如下八个角度进行梳理：第一，粮食安全角度；第二，粮食主产区利益补偿必要性（依据）角度；第三，已有补偿机制问题梳理角度；第四，构建粮食主产区利益补偿机制角度；第五，利益补偿资金来源角度；第六，利益补偿额度测算角度；第七，影响农户种粮积极性因素角度；第八，现有农户层面补贴政策作用角度。

通过对文献的梳理，掌握了该研究问题的发展历程、现状，找出现有研究存在的不足，为本研究确定研究思路、提出研究目标、改进现有研究打下坚实基础。

1.5.2 比较分析方法

在文献研究阶段，大量阅读了国际与国内相关文献，找出了国际与国内针对这一问题的研究历程与现状，互相进行对比分析。

在分析利益补偿机制的参与主题时，统筹研究粮食主产区与粮食主销区，通过两者的对比，明确粮食产销区划定的相对比较优势依据，明确粮食产销区各自承担粮食生产责任的不同，为提出利益补偿机制提供参考。

1.5.3 计量分析方法

本研究建立在规范分析与实证分析相结合的基础上。从规范研究的角度出发，以利益补偿的相关理论构建分析的逻辑框架。运用多种计量方法对具体的问题进行实证分析。在第 5 章中通过倾向性评分倍差法（DID）模型，对河南省的粮食主产区利益损失额度进行实证分析。在第 6 章中，运用调研获得的一手数据，通过多层多项 Logit 模型对河南省农民个体需求对种粮积极性影响因素进行计量分析与研究。在第 8 章中，对河南省农户粮食总产量与各类补贴政策满意度进行线性回归分析。

1.5.4 案例研究法

本研究以河南省作为粮食主产区代表省份进行研究，从宏观层面把握其利益受损的问题所在，同时从个体层面设计调查问卷，掌握一手资料，运用各类模型分析方法，对河南省农户进行研究。

（1）对粮食主产区的代表性。

河南省隶属于粮食主产区之一，粮食产量位居前列。2003年，财政部印发93号文，确定河南等13个省级单位作为粮食主产区。2015年，河南省粮食总产量达到1213.42亿斤，比上年增产58.96亿斤，实现连续12年增产，产量占据全国粮食总产量的9.76%，仅次于黑龙江省。可见，河南省在粮食主产区乃至全国范围内都有着不可忽视的粮食生产地位，因此研究河南省的问题，对粮食主产区具有重要意义。

河南省粮食生产与经济发展矛盾突出，这是粮食主产区存在的主要矛盾之一。河南省粮食产量大，在国内占有重要地位。但是，河南省粮食生产情况与经济发展状况不成比例。从人均角度来说，以2013年数据为例，河南省城镇人均纯收入在全国各省份排名仅为第21位，农民人均纯收入排名为第16位。从政府层面来讲，河南省95个粮食核心区县中，有48.4%的县存在财政问题，被列入贫困县行列，“产粮大省、财政穷省”的状况从粮食生产区县的身上可见一斑。粮食主产区自确立以来，对其进行补贴的呼声与实际措施一直未停止过，很大原因便是注意到粮食主产区确立对地方产生的各类影响，尤其是负面影响。综上所述，河南省粮食与经济发展的矛盾突出，分析河南省的情况对各省都具有借鉴意义。

河南省农民人均耕地占有率低，影响粮食进一步增产，粮食主产区大部分地区均面临这一问题。不同于黑龙江、吉林、辽宁等省份，河南省耕地面积虽然较多，但是由于人口众多，农民人均耕地拥有量却不高。对于以耕地收入作为主要收入来源之一的农民来说，通过增加土地耕作量来提高收入的行为是行不通的。土地过于分散也会导致生产效率的下降，无法便利开展大规模的机械化。这一问题不仅是河南省面临的问题，也是全国范围的问题。粮食未来继续增产的动力，不能只依赖于技术的进步，要提高土地利用效率，提高人均土地拥有量，才能继续提高粮食产量，同时提高农民收入水平。

（2）维护国家粮食安全。

粮食安全，顾名思义，指的是人们能够在任何时候买到且买得起自己所需要的粮食。从上述定义可以得知，粮食安全要满足三个条件：首先是粮食产量充足；其次是粮食供给跟上；最后是粮食获得方便。粮食是人类生产发展依赖的基本物资之一，因此粮食安全事关生计，更关系到国家稳定。2015 年 7 月 1 日通过的《国家安全法》，将粮食安全正式列入其中，可见国家对保障粮食安全的重视程度，也凸显了粮食安全的重要战略意义。

2015 年，河南省粮食总产值约占全国总产量的 9.76%，2019 年，这一数值攀升至 10.09%。河南省对保障粮食产量安全意义重大。若是因为发展粮食生产导致当地经济、民生发展落后，使得当地政府与人民失去发展粮食的动力，将会对我国粮食产量的稳定带来不小的影响，进而影响国家粮食安全，长远来说也会影响经济发展。

(3) 保障全国经济发展。

河南地处中国的中心地带，地理位置优越。从交通方面来讲，东西、南北方向铁路、公路贯穿，高铁线路在这里呈“米”字形交会，省内高速路线发达，是全国的物流、人员集散周转中心之一；从人口方面来说，河南省人口数量为 9436 万，劳动力资源十分丰富；从自然资源来看，河南省各类矿产资源丰富，境内有黄河流过，平原较大，土地资源也十分丰富。正是因为有如此多的优势条件，自古以来河南省均是经济、政治重省，境内的洛阳与开封两市更分别是九朝古都与七朝古都，足可见其重要性。

放眼今日，河南省多个地市处于中原经济区重点开发领域，成为中国新一轮经济发展的重要支撑。河南省身兼粮食生产与经济发展的双重任务，其重要性不言而喻。因此，把河南省作为研究对象能够更好地兼顾粮食与经济的共同发展，争取双赢的局面。

1.6 本研究创新点

第一，扩展了对粮食主产区的利益补偿对象。以往的研究中把粮食主产区农户与主产区内的粮食主产县作为主要的利益补偿对象进行研究。本研究认为，粮食主产区是以省作为基本单位的，主产省内的县、农户存在利益受损状况，主产省本省也必然会存在利益受损。因此，从主产区省的层面来分析利益补偿问题，能够较为全面地覆盖主产区利益损失，起到更好的补偿效果。

第二，本研究运用实证分析的方法，以较为严谨的计量方式对主产区所在省的利益损失状况进行了研究。以往的关于粮食主产区利益受损的额度以及补偿额度的测算，并没有运用较为严谨的计量方法来展开，而是根据机会成本等理论，运用简单的四则运算方式，采用不够准确的数据进行模糊的计算，所得到的结果不具有较高的准确性，因为可参考价值大大降低。本研究中，首次运用倾向性评分倍差法对粮食主产区省层面的利益损失进行估计，排除了自身因素、不同样本间的异质性因素等影响，使结果更为准确、可靠，为粮食主产区省的层面存在利益损失提供了实证性的证据，并为接下来测算具体的利益补偿额度提供了参考。

第三，本研究从经济小农与理性小农相结合的角度出发，对农户种粮积极性的影响因素进行了较为全面的讨论。已有的研究中往往只从某些特定角度来分析农户种粮积极性。本研究认为，农户的种粮积极性本身是一种个体主观感受，并在2015年开展的针对河南的农户调研中得到验证，农户非常看重粮作行为带来的收入，但是同时也会受到非经济因素的影响，它们共同影响着农民的劳动行为选择。

第2章 理论依据

2.1 理论支撑

2.1.1 理论框架图

本研究中主要内容与理论支撑间的对应关系如图2-1所示。由比较优势与资源配置理论，为粮食产销区的划分提供依据，同时也点出这一划分存在的问题。由“粮食安全”的公共物品属性产生粮食正外部性效应导致单纯依靠市场手段无法满足粮食足量生产，从而引出市场失灵现象，论证了政府介入的必要性，为中央政府制定各类政策提供了理论依据。主产区存在利益流失可以通过机会成本的角度加以分析。为弥补损失，根据庇古税的相关理论，可知通过对主产区进行补贴的方式可以起到良好作用。

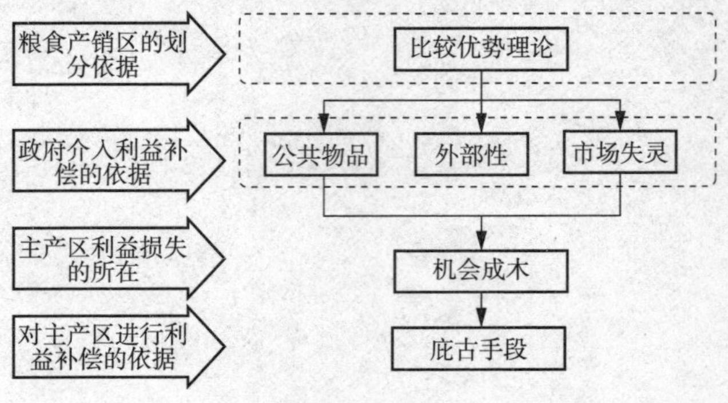

图2-1 理论框架

2.1.2 比较优势理论与初级产品比较优势陷阱

（1）概念解释。

比较优势理论最早由斯密提出，也称为绝对比较优势，定义是两国进行国际分工和贸易，某个商品的劳动成本在两个国家中存在明显不同，那么成本较低的国家拥有绝对优势。当两个国家均生产自己具有绝对优势的商品，然后进行出口，换回其他商品，那么两国都将获利。

继斯密之后，李嘉图提出相对比较优势理论。两个国家进行分工与贸易，对于任何一种商品而言，劳动成本在两个国家中均不同，并且一个国家总是比另一个国家的成本低，在这种情况下，仍然可以通过贸易进行获利，只要在该国家中存在产品间的相对优势即可。相对比较优势理论成为国家或地区之间分工的重要指导原则。

造成产品间存在比较优势的原因是什么呢？赫克歇尔等提出了资源禀赋与比较成本差异理论，也就是H-O理论。当两国的资源禀赋不同时，生产商品所需的生产要素之间的价格与价格比例也不同，出口商品的本质在于出口相对便宜的生产要素来替代在本国相对更贵的要素。

如果一个国家完全按照比较优势理论指导、生产、出口商品，长期来看是否对经济是最好的呢？答案是否定的。一个国家，尤其处于发展中阶段的国家，具有比较优势的商品通常是劳动密集型或者初级商品，如果长期依据比较优势仅从事此类商品生产，虽然能够获利，但这类商品附加值通常较低，并会导致本国缺乏高端产业，使贸易结构不平衡，不利于长期经济发展，发展中国家容易陷入低附加值商品中。

（2）本研究中的应用。

李嘉图认为，一国国内，不同的地区、产业间资本、劳动力等各类生产要素的流动是利润均等化的根本原因。土地作为非常重要但又不能流动的资本，是粮食产销区之间比较利益形成的基础。通过比较优势进行粮食产销区之间的“交换”后，双方理论上讲都可以获利。粮食主产区与粮食主销区的划分就是基于比较优势理论的区域分工，根据自身资源、禀赋、生产效率等因素，由中央政府干预，形成的区域分工。但是，在粮食产销区的区域分工划分过程中，不可避免地存在部分过多干预，这也是粮食主产区受损的主要来源。粮食主产区各省超出自身意愿生产粮食，占据大量土地、劳动力等生产要素，无法运用到二三产业的发展上来，减少了本省财政收入，降低当地经济发展水平；粮食主产区由于本省财力限制，基础设施建设自然落后，当地农民生活水平相应降低，子女受教育、医疗等问题更加凸显，加之务农带来的收益远低于外出务工，因此农民种粮积极性不高。粮食主产区一定程度上被动陷入了初级产品比较优势陷阱。

粮食主产区被动陷入初级产品比较优势陷阱具有如下特征：第一，粮食主产区发展粮食生产的行为阻碍当地经济的发展。发展粮食生产带来的经济收益由于粮食价格持续被压低而粮食生产要素等工业成品价格不断提高，导致收益逐步被压缩，造成种粮收益远低于全国整体经济增速，农民收入出现相对倒退的情况。第二，粮食主产区农业生产仍采用传统耕作模式，劳动产出效率低于全国平均劳动产出效率。田间农地整体呈现分散状态不利于大规模机械作业，种粮仍以人力为主，劳动效率低下，导致农民收入过低、种粮积极性不高。粮食主产区当地政府受限于二三产业经济发展，财政收入水平不高，无法集中力量提升农业现代化水平，相反，由于二三产业不够发达，一旦农业生产率大幅提高，从农业中释放的劳动力也无法完全被当地经济体吸纳，造成恶性循环。

粮食主产区被动陷入初级产品比较优势陷阱有以下几方面原因：首先，粮食主产区出于国家政策与比较优势双方面的原因，不得不长期发展粮食生产，但是由于维护国家经济快速发展、稳定国内物价等诸多原因，我国粮食价格并未完全实现市场化，粮食价格增速低于工业制成品价格增速，通过粮食调出获利越来越少，并且与粮食主销区之间的差距越来越大。其次，随着农民大量外出务工，农民务农的机会成本不断增加，粮食主产区生产粮食的劳动力成本也随之增加，本身所具有的劳动力比较优势不断弱化，生产粮食获得的比较利益进一步减少。最后，长期大面积发展粮食种植容易造成粮食主产区产业结构优化受阻。大量土地被限制在第一产业中，对二三产业造成了挤出效应。

2.1.3　公共物品与外部性理论

（1）概念解释。

1954年，萨缪尔森发表著作《公共支出理论》，首次阐述公共物品和私人物品概念，公共物品是指任何人不需要支付成本即可以使用或消费的东西；私人物品是指按照市场定价进行买卖，并且一件物品只能出售给一个消费者的东西，此类消费行为往往不会影响到其他人的消费，即不存在外部效应。

一个物品判定其是否为公共物品需要考虑两个方面的因素：第一，是否具有非竞争性；第二，是否具有非排他性。同时满足上述两个条件时才能称为是公共物品。

非竞争性，是指某人对公共物品的消费并不会影响别人同时消费该产品及其从中获得效用，即在给定的生产水平下，为另一个消费者提供这一物品所带来的边际成本为零。所谓非排他性，是指一个消费者消费一种公共物品时，不能排除其他人消费这一物品（不论他们是否付费），或者排除其他人消费的成本很高。国防便是一个很典型的“物品”，多一个人享受国防时并不会使国防力量减弱，也不会增加国防开支，并且每个人都能享受到国防带来的好处。

若是一件物品满足其中一条时，该如何界定呢？在这里，我们可以按照对两个条件的满足情况定义纯公共物品与准公共物品两个概念。纯公共物品应同时满足两个条件，准公共物品只需满足其中一个即可。

西季威克和马歇尔最早提出了外部性理论，之后经过庇古的完善，逐步为人们所接受。本研究中，我们引用盛洪（1995）对外部性的定义：一个（或一群）人从事了某一行为，该行为产生了一系列的后果，有成本也有收益，当这个（群）未能承担起全部后果，导致存在其他人或多或少承担了一定后果时，该行为存在外部性。也就是说，一个个体或群体的行为导致他人遭受到额外的成本或受益，而当事人并未以货币的形式对产生的额外成本或收益进行补偿时，外部性就发生了。

根据一个人的行为对其他人产生的影响的好坏，外部性可以分为正外部性与负外部性。正外部性意味着一个人（或群体）的行为对其他人（或群体）产生好的影响，即带来收益。负外部性则意味着一个人（或群体）的行为对其他人（或群体）产生坏的影响，即带来成本损失。

（2）本研究中的应用。

粮食本身并不满足公共物品的属性，单位粮食的消耗伴随着成本投入，并且其他人无法消费这部分粮食，因此粮食应该划分为私人物品。但是，粮食的供给引申出粮食安全问题。我国人口众多，粮食主产区承担了大量粮食生产责任，粮食产量占到全国总产量的70%以上，在很大程度上保证本国粮食，尤其是口粮的高自给率，为整个国家与人民提供了大量的“粮食安全”公共物品，尤其是粮食主销区等产量小于消费量的地区，使它们也能够获得足量的粮食，也就是说，它们享受到了主产区带来的粮食安全保障。因此，从我国粮食安全角度进行分析时，粮食安全具备了公共物品属性：消费者在享受到粮食安全的好处时，其他人也能够享受同样的好处，并且不必支付额外成本，同时兼具非竞争性与非排他性。

不论是从粮食自身角度出发还是从粮食安全角度出发，主产区的粮食生产能够为非主产区域带来一定的正外部性。从粮食角度进行分析，粮食的种植过程是植物的生长过程，通过光合作用起到净化空气、提供绿色景观的作用，产生良好的正生态效益外部性。从粮食安全角度分析，一方面，粮食安全作为一种准公共物品，整个国家层面因为粮食的供给安全得以稳定发展，不必担心受其他国家粮食控制，体现了粮食安全的正社会效益；另一方面，在粮食安全必须保障的基础之上，粮食主产区承担了大量的粮食生产任务，也就意味着其承担了大量的粮食安全责任，非粮食主产区，尤其是粮食主销区得以甩开粮食生产这一收益相对较低的产业，转而大力发展高收益产业，非粮食主产区实际上获得了正的经济效益外部性。

2.1.4 市场失灵

（1）概念解释。

1776年，亚当·斯密发表著作《国富论》，强调市场的力量，认为市场中存在看不见的手，即人们追求个人利益的最大化，这种动力使得资源得到最优配置。斯密认为，国家应该尽量减少对市场的干涉，只要做好维持市场秩序的“警察”即可。这种主张经济自由发展的理论直至西方经济危机的到来才开始被质疑。

可以依赖市场机制达到资源配置最优状态的情况只存在于完全竞争市场，而完全竞争生产通常是理想化状态的产物，现实中并不存在，取而代之的是不完全竞争市场，若此时依旧寄希望于市场机制达到帕累托最优状态，是不可能的，因此，市场失灵也就产生了。

市场失灵即单纯依靠市场机制无法达到社会福利最佳的状态。导致市场失灵的原因有很多，公共物品属性与外部性便是其中两个。公共物品由于非竞争性与非排他性，必然导致供给者成本巨大而消费者成本机会为零，会出现供给不足的情况，私人无法生产或者无法生产足够的公共物品以供大家消费，进而市场失灵出现。外部性则是由于生产某项物品带来的额外的成本或收益，导致该物品的产出过多或不足，最终也出现市场失灵。

（2）本研究中的应用。

粮食主产区的粮食生产存在一定的市场失灵现象。从粮食安全的公共物品属性分析，如果不考虑粮食安全与国家政策束缚，单从粮食主产区自身情况确定生产决策的话，由于粮食安全作为公共物品不具备非排他性与非竞争性，生产过多粮食会对粮食主产区带来经济影响却无法得到足够补偿，因此他们不会承担额外的粮食生产任务，当前停留在粮食生产用途中的大量耕地会出现部分土地转移至其他更高收益的用途上，粮食的生产不会达到现在的规模，进而可能导致粮食产量无法满足国内消费，粮食安全问题出现。一方面粮食安全需求必须得到满足，另一方面粮食供给少，粮食安全无法得到满足，市场失灵就出现了。从粮食与粮食安全的外部性出发，同样不考虑政策性因素，粮食与粮食安全的正外部性效益显著，因此需求量旺盛，单纯考虑市场因素来决策粮食产量，同样会带来粮食生产不足的问题，最终结果仍然是市场失灵。

解决市场失灵的关键就在于政府的参与。通过《基本农田法》等法案与政策的引导，当前我国粮食安全基本得到保障，三大主粮自给率很高，很大程度上矫正了粮食生产不足的市场失灵现象，但是，新的问题仍然存在，粮食主产区由于受到限制导致自身发展落后，粮食安全伴随的是粮食主产区的受损，社会福利整体下降。这一问题也应该由政府出面进行解决，以期达到社会福利的最优状态，这也是本研究的目的所在。

2.1.5 机会成本

（1）概念解释。

机会成本是指当把一定的经济资源用于生产某种产品时放弃的另一些产品生产上最大的收益。机会成本是决定资源配置时的重要参考之一。

（2）本研究中的应用。

粮食主产区发展大量粮食生产，承担额外的粮食安全，所遭受的损失可以从机会成本的角度加以分析。粮食主产区的利益流失，根据其发生途径细分为两部分：第一部分是潜在利益的流失，这部分主要是由于耕地无法充分转移用途而导致的潜在收益损失，可以通过土地的机会成本加以衡量，由于土地的使用途径不同，使用效率各异，因此单位土地面积上的产值也有所差别。当土地用于耕地时，河南省相对广东省来说，不断扩大耕地面积用于粮食种植甚至对收益相对较高的经济作物产生挤出，从而产生土地无法用于收益更高的农作物种植的机会成本；当土地用于地产开发与使用时，从土地开发时的土地出让金与耕地占用税收益，地产建造、租售以及使用环节，均可以源源不断地带来税收收入与非税收收入，而无法用于开发只能种粮的土地就产生了更大的机会成本。第二部分是直接的利益流失，包括粮食主产区为保障粮食生产而进行配套的各类资金的机会成本，如农业综合开发资金、2011 年之前的粮食风险基金配套资金等。从粮食主产区农户角度来说，劳动力选择种植粮食同样面临机会成本。由于外出务工所得收益通常要高出种粮获得的收益，因此，越来越多的农民为减少机会成本损失放弃种植粮食，农民种粮积极性不断下降。

2.1.6 庇古税理论

（1）概念解释。

庇古税最早是为控制环境污染这一负外部效应所采用的一种经济手段。庇古税的本质在于通过对产生负外部效应者收税或者对产生正外部效应者补贴，从而使外部效应内部化的修正型税。由市场失灵导致的外部性无法通过市场机制本身予以克服，因而必须由政府进行干预。

（2）本研究中的应用。

如图2-2所示，P为生产粮食的单位成本，Q为产量。粮食主产区所在省生产粮食的边际收益曲线由MR表示，由于粮食生产带来的粮食安全正外部性，社会边际收益曲线与主产区本身的边际收益曲线不同，由MSR表示。按照主产区自身的MR曲线，只会按照B点进行生产。按照社会边际收益曲线，则应该在A点进行生产，可知粮食主产区存在商品生产数量偏低，低出的数量为（Q_0-Q_1）。若此时，通过政府给予粮食主产区以（P_0-P_2）的补贴，那么主产区便能把产量提高到社会所需的最优水平。

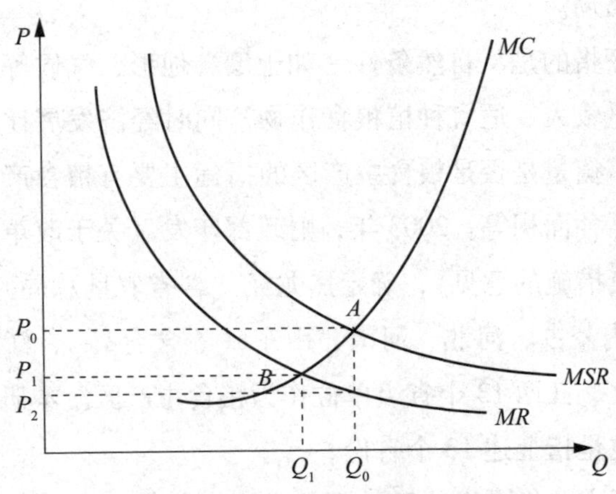

图2-2 政府补贴粮食主产区时粮食产出变化

2.2 相关概念界定

2.2.1 粮食

保障粮食安全其中一点就是要保障粮食产量。根据《国家粮食安全中长期规划纲要（2008—2020 年）》，中国粮食自给率需维持在 95%以上。目前，我国主要强调口粮绝对安全，谷物基本自给，这里的口粮主要指小麦和大米。考虑到我国长期以来把小麦、玉米与大米作为主要粮食作物，因此，我们把小麦、玉米、大米作为主要研究对象，书中提到的粮食统指这三类粮食作物。

2.2.2 利益补偿机制的参与主体

（1）粮食主产区与粮食主销区。

2001 年，国务院印发了第 28 号文，明确提出了粮食流通体制未来的改革方向，国家粮食安全自此基本上形成“主产区”“主销区”的粮食生产的区域分工格局。

粮食主产区指的是从自然条件（如土壤、地形、气候等）与经济条件来讲，粮食产量较大、适宜种植粮食作物，同时经济发展比较优势不明显的地区的统称，衡量是否是粮食主产区的指标主要有粮食产量、提供的商品粮数量以及播种面积等。2003 年，财政部印发《关于改革和完善农业综合开发若干政策措施的意见》，确定黑龙江（含省农垦总局）、吉林、辽宁（不含大连）、内蒙古、河北、河南、山东（不含青岛）、江苏、安徽、四川、湖南、湖北、江西 13 个省级单位作为粮食主产区。本研究所使用的粮食主产区概念也是指上述 13 个省份。

粮食主销区主要指沿海地区的部分省市，包括广东省、海南省、福建省、浙江省、江苏省，北京市、天津市和上海市。这些地区的主要特征就是经济较为发达，二三产业土地需求量大且盈利能力高。

（2）中央政府。

中央政府指的是最高国家权力机关，与地方政府相对应。中央政府具有指导粮食主产区工作方向、制定粮食主产区相关政策的权利，因此，也是粮食主产区利益补偿机制的制定者。

（3）粮食主产区农户。

粮食主产区农户主要指的是粮食主产区范围内的具有农村户口的农民与农户。河南省农民均属于粮食主产区农户。值得一提的是，本研究中把全部农户均纳入研究范围，以便分析农民的种粮行为。

（4）三者间关系。

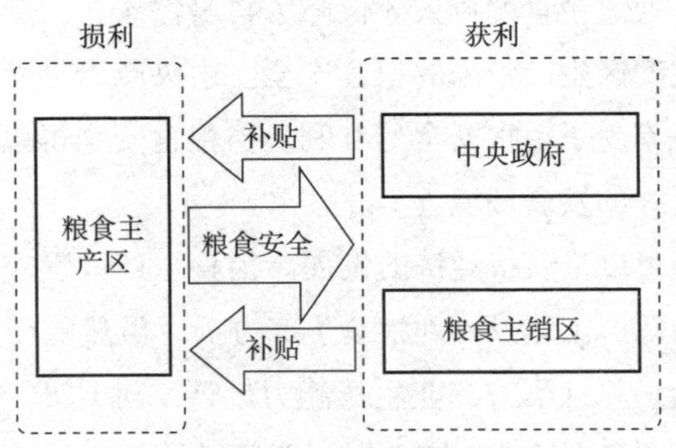

图 2-3 利益补偿机制参与主体的关系

2.2.3 利益

（1）利益。

但凡能满足人类欲望的事物，均可称为利益，利益包括的东西非常多，某种程度上来说金钱、权势、荣誉、名气、地位、领土、主权乃至帮助他人所带来的快感均可以称为利益。

由于粮食产销区的划分导致的利益流转，其根本原因在于我国经济飞速发展之下，土地尤其是平原面积有限，经济的发展与土地的获得开始挂钩。我国人口数量巨大但人均可耕地资源并不充沛，想要保持粮食安全，需要大量的土地投入。土地总量是不变的，经济发展到今天，各类工业用地、建设用地等需求量剧增，农业用地与其他用地开始互相挤占，现有土地数量已经无法满足全部需求。也就是说，土地的利用开始趋于饱和，土地功能的划定意味着土地使用类型的确定，部分使用类型的土地有可能面临因划定面积不够导致需求无法满足。正因如此，过多承担粮食生产任务的地区才会带来利益的流失。

把利益的概念放在粮食主产区的利益补偿机制下进行理解时，利益具体来说，有三方面的指代：

首先，利益可以指获得粮食安全，也可以理解为获得稳定的发展环境。粮食主产区承担了大量的粮食生产任务，粮食产量得到保障后，整个国家能够获得粮食安全上的保障。粮食主销区的粮食产量较低，甚至无法维持本省需要，通过粮食的调入才保障了自身需求，因此粮食主销区切实享受到了粮食主产区生产带来的粮食安全。中央政府虽然没有实际上的粮食消耗，但是也享受了粮食安全的红利。当粮食安全得以保障后，才能给全国经济营造良好的发展环境。

其次，利益可以指获得经济的发展。粮食主产区发展粮食生产需要投入大量的土地资源。土地投入到粮食生产方面，虽然能创造 GDP，但是不能创造财政收入，并且第一产业生产能力较低，对 GDP 贡献也十分有限。相同的土地投入到第二、第三产业时，所获得的 GDP 与财政收入将会大大提高。从这个角度来讲，粮食主销区由于较少的投入粮食生产，可以有更多的土地投入到其他高回报产业中，经济因此获得更好的发展，即因此产生利益。

最后，利益可以指获得资金收益。不论发展什么产业，前期均会进行投入。当发展粮食生产时，所在地政府需要从财政资金中配备若干数量的资金用于粮食补贴、基础设施维修等，这部分资金对于政府来说是沉默成本。反过来，粮食生产较少的地区，由于减少粮食产量，这部分的支出也相应减少，可以说是变相获得了资金。

（2）获利。

获利指的是某个单位或个体得到或享受到了上文提到的一点或几点利益。从粮食安全的角度来分析，整个国家不论政府还是个人都能享受到粮食生产带来的粮食安全，因此，所有单位和个体都是获利方。从获得经济发展角度分析，粮食主销区把有限的土地资源投入到高回报的二三产业中，有利于经济快速发展，因此它获得了这部分利益；地方政府经济发展也使得中央政府获得了利益。从资金收益角度分析，粮食主销区变相减少了资金支出，是获利方。

（3）损利。

损利指的是某个单位或个体失去了上文提到的一点或几点利益。利益的损失主要集中在经济与资金方面。相比较发展其他产业，过多地生产粮食一方面挤压了其他产业用地，另一方面带来了资金的大量投入，多余粮食外调更使补贴资金变相外流，因此粮食主产区成为利益的损失方。具体来说，粮食主产区政府与粮食主产区人民（包括农民与非农民）均是利益损失方。由于二三产业发展的受限，粮食主产区政府财政收入受限，当地基础设施建设投入受限，人员工资水平被压低，工作岗位增加有限，农民外出务工机会有限且工资水平上不去，引起一系列的连锁反应。

（4）利益补偿机制。

由于耕地、资金等多方面因素，粮食主产区在经济层面遭受了损失，主产区所在居民收入水平也相应较低，集体利益与个人利益均受到侵害，而作为既得利益者的粮食主销区却并未为此付出，这就造成了利益补偿的空间。因此，本研究关于粮食主产区利益补偿机制的理解是，为了弥补粮食主产区在耕地、资金等方面的损失，促进当地经济发展、保障粮食生产，而对粮食主产区进行的转移支付、发展支持等一系列措施。

利益补偿机制不仅限于资金形式的补偿，还可以包含政策支持等一系列措施与手段。只要能改善主产区发展现状，提升主产区政府与农民的种粮积极性，促进当地经济发展的措施均可以纳入利益补偿机制的范畴。

第3章

河南省粮食与经济状况分析

河南省地处中国的中东部，面积为16.7万平方千米。境内地形丰富多样，包含平原、盆地、山地、丘陵等，其中平原和盆地面积占总面积的55.7%，耕地资源丰富。省内常住人口数量为9436万。河南省是农业大省、人口大省，也是重要的经济大省。下面我们着重分析河南省的粮食产销状况与经济状况，对河南省的基本情况进行了解，为后续章节深入研究以河南省为代表的粮食主产区利益受损、利益补偿、补偿措施等问题打下基础。

3.1 河南粮食主产区的演变

3.1.1 粮食产量演变

依托自身良好的自然与气候条件，河南省在粮食生产方面具有优势。从图3-1中可以看出，新中国成立后，河南省粮食总产量整体呈增加趋势。新中国成立初，河南省粮食总产量仅为713.5万吨，接下来的66年中，总产量不断提升，至2015年，粮食总产量增加至6067万吨，是1949年的8.5倍，可以说是翻天覆地的增长。

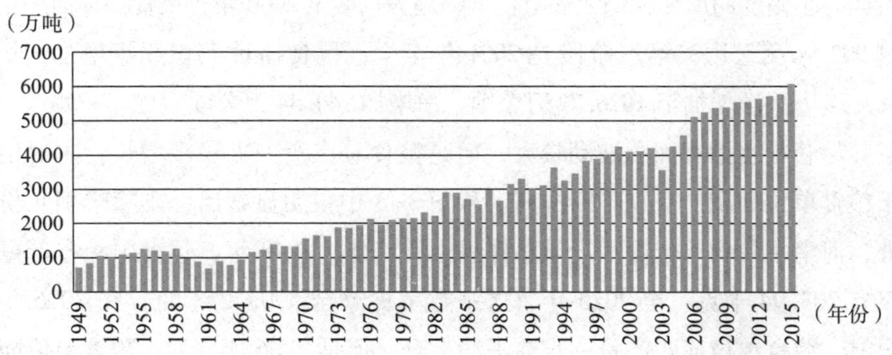

图 3-1 1949—2015 年河南省粮食产量

数据来源：《中国统计年鉴》《河南统计年鉴》（1950—2016 年）。

粮食产量的高低依赖两个因素：一是粮食播种面积；二是单位面积的粮食产量。过去的 60 多年中，河南省粮食产量成倍地增长，其中的主要因素是什么呢?

如图 3-2 所示，河南省的粮食播种面积整体来说波动较大，大致可以分为三个阶段：第一个阶段是 1949—1961 年，这一阶段是新中国成立后至 20 世纪 60 年代大饥荒阶段，对本书的研究关系不大，不再做详细分析。第二阶段是 1962—2000 年，这一阶段总体来说，粮食的播种面积不断下降，1962 年河南省粮食播种面积为 1060. 53 万公顷，之后便开始不断减少，尽管

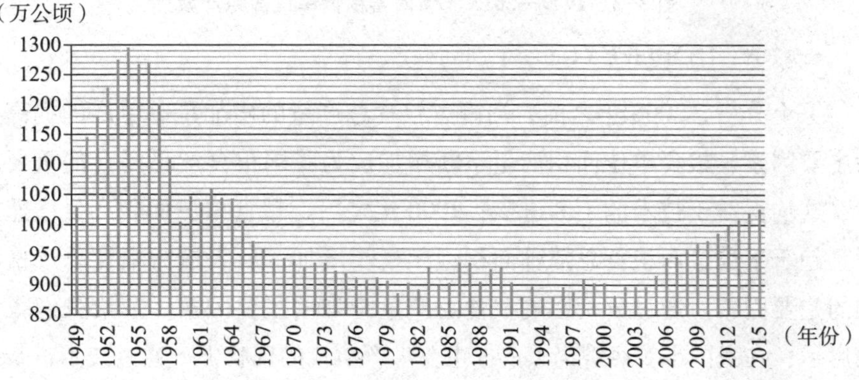

图 3-2 1949—2015 年河南省粮食播种面积

数据来源：《河南统计年鉴》（1950—2016 年）。

后期有小幅度的反弹，仍无法阻止下降趋势，截至 2000 年，粮食播种面积仅剩 902.96 万公顷。第三阶段是 2001 年至今，粮食播种面积逐年增加，从 882.28 万公顷增加至 1026.72 万公顷，净增加 144.44 万公顷。

尽管粮食播种面积波动较大，但是粮食总产量一直稳步增长，主要由于粮食单位面积产量在不断提高。从图 3-3 中很明显看出，排除个别年份外，河南省粮食单位面积产量整体呈上升趋势。1949 年，每公顷粮食产量仅有 703.94 千克，至 2015 年，这一数字提升至 5909.2 千克。在 2006 年之前，粮食单位面积产量一直在平稳上升，但是 2006 年之后，粮食单位面积产量增速明显放缓。

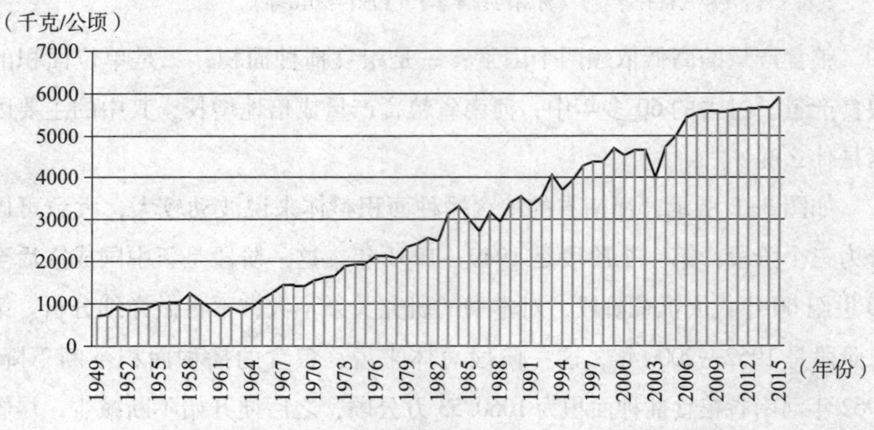

图 3-3 1949—2015 年河南省粮食单位面积产量

数据来源：《河南统计年鉴》（1950—2016 年）。

综上分析，2006 年之前，河南省粮食总产量的增加是以单产的提高作为主要因素，粮食单位面积产量不断增加成为我国粮食产量提升的重要保障，这均得益于技术的不断进步；2006 年之后，粮食单位面积产量增速放缓且趋于平稳，而粮食总播种面积逐年稳步增加，后者成为粮食总产量增加的主要因素。通过分析影响粮食总产量增加的主要因素，带给我们很大的启示：在我国小农经济仍然占据主要生产模式的现状下，通过技术进步使粮食单位面积产量提升、达到粮食增产的效果有所下降，增加粮食播种面积开始成为决定粮食产量增幅的主导因素。粮食播种面积变化与耕地面积变化息息相关，再一次印证第 2 章中“土地是决定利益流失的关键”的论点。

3.1.2 粮食生产地位演变

河南省粮食产量较高，在全国粮食生产中占据重要地位。从各省产量之间的比较中可以发现，1985 年之前，河南省粮食产量在全国 34 个省级行政单位中的位次大约在第 2 名到第 4 名徘徊，从 1986 年至 1999 年，大都为第 2 位，个别年份有 1~2 个位次浮动，2000—2010 年，河南省粮食产量一直位居全国第一，之后便一直处于第二位。

接下来，我们再从河南省粮食产量在全国的比重这一角度继续分析河南省的粮食生产地位。图 3-4 中给出的是 1949 年以来河南省粮食产量占全国总产量的百分比，其能够更直观地反映出河南粮食生产在全国的地位。从 1949 年至 1963 年，百分比值呈波动下降状态；1964 年之后至 2015 年，这一百分比值总体呈波动上升状态。最低谷时期，1964 年河南省粮食产量在全国的比重仅有 5.07%，仍超过各省平均水平；最高峰时期，2007 年河南省粮食产量在全国的比重为 10.07%，不可小觑；2015 年，河南省粮食产量在全国的比重仍有 9.76%。

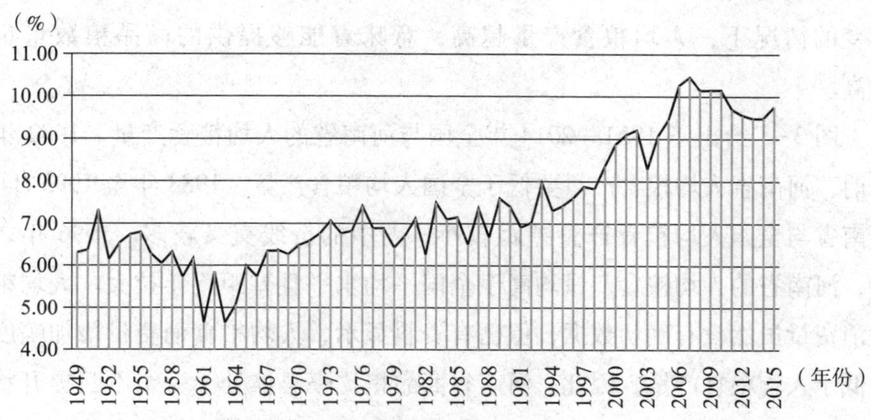

图 3-4 1949—2015 年河南省粮食产量占全国总产量的百分比

数据来源：《中国统计年鉴》《河南省统计年鉴》(1950—2016 年)。

河南省粮食产量常年位居全国前列，且对全国总产量的贡献很高，可以说，河南一直是并且未来仍是我国粮食生产的主力军，对国家粮食安全保障意义重大。

3.1.3 粮食商品化的演变——粮食产销区层面

粮食的商品率通常是指粮食流通入市场的量，也就是说，农户卖出的粮食量。本研究我们以粮食主产区作为主要研究对象，因此，粮食商品率还可以理解为一个省生产的粮食满足本省需求之后剩余的粮食产量，也就是净调出的粮食量。研究粮食主产区所在省的粮食调出量可以直观地反映出该省对全国的贡献。

粮食调出量无法直接获得，可以通过计算间接得出。计算方法来自对粮食调出量的定义，即本省粮食总产量减去本省粮食的总消费量。粮食总产量可以通过年鉴直接获得，粮食总消费量是本省人口数量与人均粮食消费量的乘积。由于历年的人均粮食消费量数据有限，无法全部获得，因此直接计算粮食调出量的方法不可行。

由于无法直接给出河南省的粮食商品化水平，本研究采用人均粮食产量来间接表达。从个体角度出发，某省范围内，人均粮食产量减去个人的粮食消耗量，可以看作是个体贡献的商品粮数量。个体粮食消费量不变的情况下，人均粮食产量越高，意味着能够提供的商品粮数量也越高。

图 3-5 给出了 1951—2014 年全国与河南省的人均粮食产量。1982 年以前，河南省人均粮食产量要低于全国人均粮食产量。1983 年至 1995 年，河南省与全国人均粮食产量差距较小，图中的折线交叉较多。1996 年之后，河南省的人均粮食产量均高于全国平均水平且差距逐年拉大。人均粮食消费量虽然没有确切数据，但已有资料显示，人均粮食消费量增加幅度远低于人均粮食产量，因此，河南省商品粮比率总体处于一个不断提升状态。总的来说，河南省的粮食商品化率历经了一个从低到高的变化，尤其是 1996 年之后，河南省的商品粮数量较多，且逐年增加。河南省是我国目前为数不多的商品粮净调出大省。

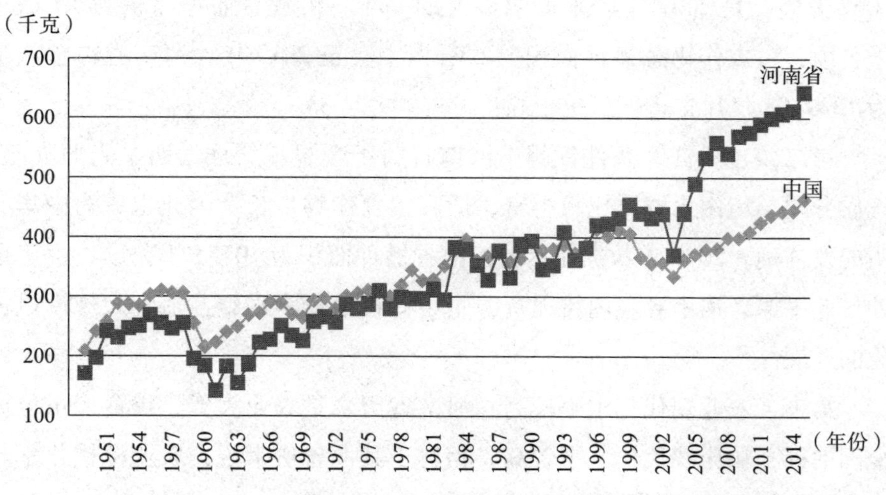

图 3-5 1951—2014 年全国与河南省人均粮食产量

数据来源：《中国统计年鉴》《河南统计年鉴》（1950—2015 年）。

3.2 粮食产销现状分析

粮食流转路径与参与主体如图 3-6 所示。

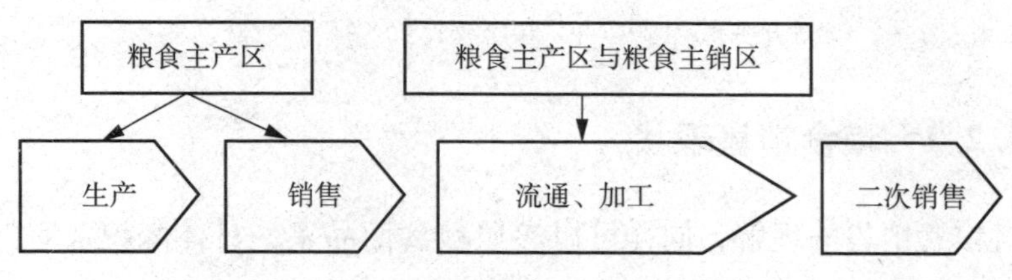

图 3-6 粮食流转路径与参与主体

其中粮食的生产与销售主要依赖于粮食主产区，粮食的加工与流通环节则可以由不同的单位或个体介入，也就是说，粮食主产区与粮食主销区均能够参加进来。粮食的销售环节本研究暂不予以考虑。

3.2.1 粮食生产现状

第一，产量较高。2015 年，河南省粮食产量实现 12 年连增，达到

6067万吨，是2007年以来增幅最大的一年。粮食总播种面积为10267.2千公顷，占农作物总播种面积的65%以上。至2019年，河南省粮食产量为1339.08亿斤，再创历史新高。

第二，自然资源条件优越。河南省属于暖温带气候，四季光照充足、气候分明，境内水资源比较丰富，适宜粮食作物生长，因此也成为中华文明的发祥地。2019年数据显示，河南省播种面积为10735千公顷，由于地处华北平原，河南省境内耕地资源集中，耕地较为平整，适宜大规模机械化的开展。

第三，农业现代化水平较高。河南省历来是农业大省，粮食产量位居全国前列，耕作现代化水平较高。相对于其他省份来说，农业机械化率与农资使用情况均处于前列（见表3-1）。

表3-1 河南省农业现代化水平

年份	耕地面积（千公顷）	农用机械总动力（万千瓦）	农田有效灌溉面积（千公顷）	化肥施用折纯量（万吨）	农村用电量（亿千瓦时）	农药施用实物量（万吨）	农用塑料薄膜使用量（万吨）
2014	8126.06	11476.8	5101.74	705.75	313.23	12.99	16.35
2018	8258.29	10204.46	5408.31	692.79	330.59	11.36	15.28

数据来源：《河南统计年鉴》（2015年、2019年）。

3.2.2 粮食销售现状

对粮食销售的理解，同样可以参照粮食商品率，具体来说，有两层含义：第一，农民留下自用粮之后，售卖的粮食总量。根据2013年统计数据显示，河南省玉米的商品率高达99.53%，小麦的商品率为88.54%。第二，指的是本省在满足自用之后剩余的粮食，即能够外调的粮食，也就是上文分析过的粮食产销区层面商品化的粮食供给状况。我们可以对河南省商品粮外省调出量进行一个简单估算。根据《国家粮食安全中长期规划纲要（2008—2020年）》中的预测，2010年，我国人民粮食消耗量约389千克，到2020年这一数值约攀升至395千克，假设这10年中粮食消费量按等差形式增加，那么2015年，我国人均粮食消费量约为392千克。2015

年河南省人均粮食产量为642.97千克，则河南省人均粮食外调量约为250.97千克。河南省当年粮食调出量约为2368.15万吨。

3.2.3 粮食流通现状

粮食流通指的是粮食从农民手中收购之后，经历的从存储、运输、调配等一系列过程。当前我国实行的是以市场购销为主的粮食流通方式。从2004年开始，国家制定了粮食驻地收购价政策，以达到保障农民最低收入的目的。中储粮公司是粮食最低保护价制度的执行主体，担负从执行到监管等一系列重任。2014年数据显示，河南省国有粮食企业收购的粮食数量为2215.25万吨，占全国国有企业粮食收购量的10.72%，河南共有中央储备粮代储资格企业33家，约占全国总数量的1/10，在发挥粮食贮存功能方面起到了重要作用（见表3-2）。

表3-2 2014年粮食贮存情况

	国有粮食企业粮食收购量（万吨）	国有粮食企业粮食销售量（万吨）	中央储备粮代储资格企业数量（家）
河南省	2215.25	1871.95	33
全国	20656.75	22860.05	302

数据来源：《中国粮食年鉴》（2015年）。

近年来，国内粮食流通情况日益改善，但是仍然存在诸多问题。目前，我国省际粮食运输主要依靠公路运输与铁路运输，运力仍然不足，尤其在粮食大规模成熟季节，运力无法满足实际需要。另外，当前粮食中转、装卸能力也存在不足，缺乏专业化设备且各个环节尺寸、比例方面不统一，给粮食中转带来困难。总体来说，当前粮食的流通大部分仍停留在传统方法上，流通效率低下，造成流通成本的居高不下。

3.2.4 粮食加工现状

河南省粮食产量超过全国总产量的1/10，据2014年统计显示，河南省粮油加工企业有1179家，数量仅占全国的6.01%（见表3-3）。

表 3-3　2014 年粮油加工企业数量　　单位：家

	粮油企业总计	稻谷加工业	小麦加工业	食用植物油加工业	玉米加工业	粮食食品加工业	饲料加工业	粮机设备制造业
河南省	1179	154	691	77	22	107	116	4
全国	19366	9830	3241	1660	335	1333	2760	95

数据来源：《中国粮食年鉴》（2015 年）。

尽管企业数量占比稍低，河南省粮油加工企业的年生产能力却不容小觑。若按照 2013 年小麦商品率 88.54%进行初步估算，河南省 2014 年商品粮数量约有 5371.71 万吨，而河南省 2014 年小麦处理能力高达 5889 万吨（见表 3-4），据此，我们可以认为河南省目前能够基本完成本省小麦处理。

表 3-4　2014 年粮油加工业年生产能力汇总　　单位：万吨

	处理稻谷	处理小麦	处理玉米	加工饲料
河南省	857	5889	413	999
全国	33716	21655	7645	23339

数据来源：《中国粮食年鉴》（2015 年）。

除了初加工之外，经机加工企业的生产能力也十分大。河南省大米产量较少，因此产量有限，对玉米的加工也并不多，但是小麦的精加工能力较强。2014 年河南省小麦粉产量高达 2640 万吨（见表 3-5），占全国总产量的 27.28%。

表 3-5　2014 年粮油加工产品产量情况　　单位：万吨

	大米	小麦粉	玉米加工产品	粮食食品
河南省	199	2640	152	345
全国	9870	9676	3940	2143

数据来源：《中国粮食年鉴》（2015 年）。

拥有如此巨大的粮食加工能力，尤其是小麦加工能力，但河南省粮油加工业的总产值并未如其加工能力一般之高。2014 年，河南省粮油加工企业的工业总产值为 1787.3 亿元，仅占全国粮油加工企业工业总产值的 6.95%。利润总额与利税总额也不甚高，利润率水平一般（见表 3-6），在主产区中利润率排名第八，也低于全国平均水平，主销区中也存在两个省利润率超过河南省。由此可知，河南省粮食主要停留在初级加工阶段，创造的价值较少，今后应该大力深化发展粮食深加工企业，提高粮食的单位附加值。

表 3-6 粮油加工企业主要经济指标情况 单位：亿元

	工业总产值	产品销售收入	主营业务成本	利税总额	利润总额	利润率（%）
一、主产区	19228.9	19090.5	16822.5	755.6	499.7	2.60
河北	1019.9	1061.1	944.0	36.6	9.7	0.95
内蒙古	391.3	358.1	316.4	20.8	15.3	3.91
辽宁	777.1	782.3	794.2	19.1	9.0	1.16
吉林	574.9	566.8	530.5	33.6	16.5	2.87
黑龙江	957.9	941.4	816.2	22.5	12.7	1.33
江苏	2344.2	2350.8	2132.7	61.1	38.7	1.65
安徽	2054.7	1987.4	1781.1	76.1	54.1	2.63
江西	955.8	943.0	879.8	28.8	23.5	2.46
山东	3103.4	3062.4	2745.6	127.4	85.5	2.76
河南	1787.3	1740.5	1575.9	61.3	42.3	2.37
湖北	2678.7	2584.9	2268.1	117.2	84.8	3.17
湖南	1196.6	1172.5	1066.6	51.6	36.0	3.01
四川	1387.1	1539.3	971.4	99.5	71.6	5.16
二、主销区	4073.1	4087.1	3718.6	142.5	81.0	1.99
北京	143.0	170.0	156.5	1.8	0.4	0.28
天津	671.7	591.6	531.6	14.8	3.6	0.54
上海	274.0	354.7	308.4	18.5	14.7	5.36
浙江	403.6	413.3	356.5	17.0	7.5	1.86
福建	709.1	701.4	655.3	8.5	2.9	0.41
广东	1813.1	1794.4	1652.2	80.9	51.0	2.81
海南	58.6	61.7	58.1	1.0	0.9	1.54
全国	25734.6	25488.5	22690.1	971.6	635.1	2.47

数据来源：《中国粮食年鉴》（2015年）。

3.3 经济状况分析

3.3.1 国内生产总值较高

河南省的 GDP 值总体呈快速提升趋势。2000 年，河南省 GDP 总量为 5138 亿元，从 2000 年至 2014 年，这一数值不断上升，2014 年，河南省 GDP 总量达 34939.4 亿元，比 2000 年提高 6.8 倍（如图 3-7 所示）。河南省 GDP 总量在 2000 年和 2014 年均位列全国第五，仅次于广东省、江苏省、山东省与浙江省，从 GDP 总量角度来讨论，河南省经济状况较好。

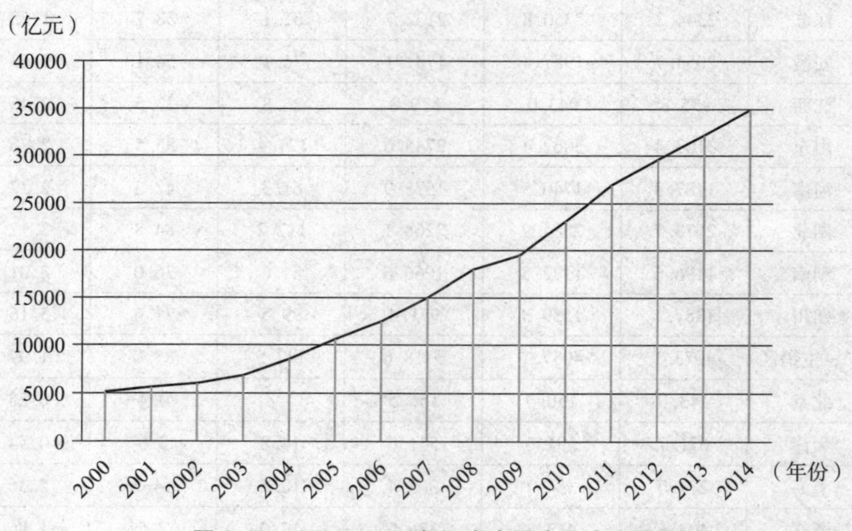

图 3-7 2000 —2014 年河南省国内生产总值

3.3.2 财政收入水平较低

从 GDP 来看，河南经济整体较好。但是，把河南省财政收入纳入讨论之后，情况发生了变化。

表 3-7 给出了 GDP 总量排名前五的省地方财政收入情况，接下来我们从地方财政收入与财政收入中税收收入两个方面进行对比。由于每个省的行政区划面积与总人口数不同，单纯比较某一个量并不客观，因此通过观

察地方财政税收收入占地方财政收入的比值可以较好地衡量某一地区的财税收入比例。不难发现，河南省地方财政收入中税收收入的比例在五个省份中是最低的。以2014年为例，地方财政收入中税收收入的比例在广东省、江苏省、山东省、浙江省、河南省中的值依次是80.7%、83%、78.9%、93.5%、71.3%，造成这一现象的主要原因是河南省税收盈利能力相对较低。较高的税收收入意味着较多的盈利单位、较强的盈利能力，在提高财政收入的同时，获利单位向社会提供了工作岗位，个人可以通过良好的就业岗位提升个人收入进而提升生活水平，可以说，税收收入在财政收入中的比例能够一定程度地反映当地的真实经济水平。从这一方面来看，河南省的GDP产值存在“虚高”的情况，未能做到“藏富于民”。

表3-7 GDP总量前五名的省地方财政收入情况 单位：亿元

年份	广东省		江苏省		山东省		浙江省		河南省	
	地方财政收入	地方财政税收收入	地方财政收入	地方财政税收收入	地方财政收入	地方财政税收收入	地方财政收入	地方财政税收收入	地方财政收入	地方财政税收收入
2000	910.6	798.6	501.3	409.1	463.7	392.9	342.8	—	246.5	195.0
2001	1160.5	1014.7	572.2	523.8	573.2	488.3	500.7	—	267.8	226.7
2002	1201.6	1032.3	643.7	565.3	610.2	495.0	566.9	—	296.7	242.2
2003	1315.5	1109.5	798.1	690.5	713.8	558.3	706.6	673.5	338.1	264.4
2004	1418.5	1191.6	980.5	833.7	828.4	627.4	806.0	—	428.8	307.1
2005	1807.2	1527.0	1322.7	1107.3	1073.1	826.5	1066.6	976.0	537.7	365.7
2006	2179.5	1850.4	1656.7	1389.1	1356.3	1035.8	1298.2	1088.1	679.2	471.8
2007	2786.0	2415.5	2238.0	1894.8	1675.4	1308.4	1649.5	1535.4	862.1	625.0
2008	3310.3	2864.8	2731.4	2278.7	1957.1	1533.5	1933.4	1792.1	1009.1	742.3
2009	3649.8	3130.6	3228.8	2654.8	2198.6	1720.4	2142.5	1983.8	1126.1	821.5
2010	4517.0	3803.5	4079.9	3312.6	2749.4	2149.9	2608.5	2465.0	1381.3	1016.5
2011	5514.8	4548.7	5148.9	4124.6	3455.9	2603.1	3150.8	2952.0	1721.8	1263.1
2012	6229.2	5073.9	5860.7	4782.6	4059.4	3050.2	3441.2	3227.8	2040.3	1469.6
2013	6229.2	5767.9	6568.5	5419.5	4559.9	3533.5	3796.9	3545.7	2415.5	1764.7
2014	8060.1	6510.5	7233.1	6006.1	5026.8	3965.8	4122.0	3854.0	2738.5	1951.5

数据来源：《河南统计年鉴》。

3.3.3 产业比重不断调整

伴随着 GDP 总量的上涨，三次产量产值也不断增加。第一产业产值不断增加，在过去的 19 年中，总增加值为 3127.78 亿元，但是它在 GDP 中所占的比重却越来越低，这与河南省工业化、城镇化的快速发展密切相关。第二产业占 GDP 的比重一直最大，由 2000 年的 45.4%升至 2019 年的 45.9%，但是这一比值经历了一个先上升后下降的趋势，转折点出现在 2011 年，意味着从这一年起河南省的三次产业发展进入了高速时期。第三产业占 GDP 的比重次之，与第三产业产值一样，也一直在增加，但是由于早些年第二产业发展迅猛，第三产业占 GDP 的比重经历了一个先下降后上升的过程，从 2000 年的 31.6%逐步下降至 2010 年的 28.6%，之后又升至 2018 年的 45.2%（见表 3-8）。

表 3-8 河南省 GDP 产值与三次产业情况

年份	GDP（亿元）	第一产业占 GDP 的比重（%）	第二产业占 GDP 的比重（%）	第三产业占 GDP 的比重（%）	第一产业增加值（亿元）	第二产业增加值（亿元）	第三产业增加值（亿元）
2000	5138.0	23.0	45.4	31.6	1161.6	2294.2	1597.3
2001	5645.0	22.3	45.4	32.3	1234.3	2510.5	1788.2
2002	6035.5	21.3	45.9	32.8	1288.4	2768.8	1978.4
2003	6867.7	17.6	48.2	34.3	1198.7	3310.1	2358.9
2004	8553.8	19.3	48.9	31.8	1649.3	4182.1	2722.4
2005	10587.4	17.9	52.6	30.0	1892.0	5539.3	3181.3
2006	12496.0	15.5	54.4	30.1	1916.7	6762.4	3721.4
2007	15012.5	14.8	55.2	30.1	2217.7	8283.0	4512.0
2008	18018.5	14.8	56.9	28.6	2658.8	10477.9	5099.8
2009	19480.5	14.3	56.6	29.3	2769.1	11010.5	5701.0
2010	23092.4	14.2	57.7	28.6	3263.2	13226.8	6607.9
2011	26931.0	13.0	58.3	29.7	3512.2	15427.1	7991.7
2012	29599.3	12.7	56.3	30.9	3769.5	16672.2	9157.6
2013	32155.9	12.6	55.4	32.0	4059.0	17806.4	10290.5
2014	34939.4	11.9	51.0	37.1	4160.8	17902.7	12875.9

续表

年份	GDP（亿元）	第一产业占 GDP 的比重（%）	第二产业占 GDP 的比重（%）	第三产业占 GDP 的比重（%）	第一产业增加值（亿元）	第二产业增加值（亿元）	第三产业增加值（亿元）
2015	37084.20	10.8	49.0	40.2	4015.56	18156.04	14912.60
2016	40249.23	10.1	47.9	42.0	4063.65	19275.82	16909.76
2017	44552.83	9.3	47.4	43.3	4139.29	21105.52	19308.02
2018	48055.86	8.9	45.9	45.2	4289.38	22034.83	21731.65

数据来源：《河南统计年鉴》。

整体来看，河南省的经济总量较大，三次产业总量均不断提升，其中第二产业发展平稳，第三产业处于飞快发展阶段，但是，河南省第一产业占 GDP 的比重仍然较高。由于经济的快速发展，全国范围内第一产业比重均在不断下降，河南省作为重要农业大省，尽管比值不断下降，仍高于全国平均水平。2014 年，全国第一产业占 GDP 的比重为 9.2%，同期河南省比重为 11.9%，截至 2018 年，全国第一产业占 GDP 比重仅为 4.4%，同期河南第一产业占比仍为 8.9%。较高的第一产业产值对 GDP 做出一定贡献，其对财政税收收入的贡献却非常小，这能够在一定程度上解释河南省财政税收比例较低的现象。

3.3.4 人均收入水平中下

尽管河南省 GDP 总值位列全国第五，但是河南省人均 GDP 值相对要落后很多。人均 GDP 可以衡量一个地区的个人生产能力。由表 3-9 可知，河南省人均 GDP 值在过去的若干年中一直低于全国平均水平。2000 年，河南省人均 GDP 为 5499 元，仅达到全国人均 GDP 的 70.0%，2013 年，河南省人均 GDP 提升至 34174 元，达到全国人均水平的 81.5%。河南省人均 GDP 距离全国平均水平仍有一定的距离。综上所述，河南省尽管 GDP 总体体量较大，但是人均产出能力一般。

表 3-9　全国人均 GDP 与河南省人均 GDP 对比　　单位：元

年份	中国	河南省
2000	7858. 0	5499. 0
2001	8622. 0	5959. 1
2002	9398. 0	6487. 0
2003	10542. 0	7376. 0
2004	12336. 0	9201. 0
2005	14185. 0	11347. 0
2006	16500. 0	13313. 4
2007	20169. 0	16060. 0
2008	23708. 0	19181. 0
2009	25608. 0	20597. 0
2010	30015. 0	24446. 0
2011	35198. 0	28661. 0
2012	38420. 0	31499. 0
2013	41907. 6	34174. 0
2014	46629. 0	37072. 0

数据来源：《中国统计年鉴》。

如果人均 GDP 可以衡量个人的产出能力，那么城镇居民家庭人均可支配收入与农民年人均纯收入便可以衡量某地区人民的生活水平。表 3-10与表 3-11给出了全国层面以及河南省的城镇居民与农村居民收入情况，我们可以做一个对比分析。总的来说，河南省与全国城镇居民家庭人均可支配收入间的差距在不断缩小。2000 年，河南省城镇居民家庭人均可支配收入为 4766. 3 元，同期全国水平为 6280 元，前者为后者的 75. 9%，河南省城镇居民人均可支配收入水平在全国排第 30 位，属于倒数水平；到了 2013 年，河南省城镇居民家庭人均可支配收入上升至 22398 元，全国平均水平为 26955 元，河南省城镇居民人均可支配收入水平在全国排第 21 位，仍然比较靠后。城镇居民的家庭人均可支配收入不仅能够反映出当地居民的生活水平，也是当地财政、经济状况的一个缩影。

河南省城镇居民家庭人均可支配收入落后于全国水平，可以推断是由于河南省的粮食主产区定位导致。那么，作为农业大省，其农村居民年人均纯收入仍然低于全国平均水平，这一现象不得不引起我们的重视与反思。2000 年，河南省农村居民年人均纯收入为 1985. 8 元，低于当时的全国平均水平，在全国农村居民年人均纯收入中排名第 18 位。随着发展，河南省农村居民收入水平不断提升，但是一直落后于全国平均水平。2013 年，河南省农村居民年人均纯收入为 8475. 3 元，仍低于当年的全国平均水平（8895. 9 元），河南省在全国的排名仅提高了两个位次，处在第 16 位。河南省作为农业大省，为何农村居民收入水平不高呢？我们从农村居民的收入来源方面继续分析。

表 3-10　全国城镇与农村人均收入

单位：元

年份	城镇居民家庭人均可支配收入	农村居民人均纯收入	农村居民家庭人均财产性收入	农村居民家庭人均工资性收入	农村居民家庭人均经营纯收入	农村居民家庭人均家庭经营农业纯收入	农村居民家庭人均转移性收入
2000	6280. 0	2253. 0	45. 0	702. 3	1427. 3	833. 9	147. 6
2001	6859. 6	2366. 0	47. 0	771. 9	1459. 6	863. 6	162. 8
2002	7702. 8	2476. 0	52. 5	840. 2	1486. 5	866. 7	158. 4
2003	8472. 2	2622. 0	65. 8	918. 4	1541. 3	885. 7	143. 3
2004	9421. 6	2936. 0	76. 6	998. 5	1745. 8	1056. 5	160. 0
2005	10493. 0	3255. 0	88. 5	1174. 5	1844. 5	1097. 7	203. 8
2006	11759. 5	3587. 0	100. 5	1374. 8	1931. 0	1159. 6	239. 8
2007	13785. 8	4140. 4	128. 2	1596. 2	2193. 7	1303. 8	290. 0
2008	15780. 8	4761. 0	148. 1	1853. 7	2435. 6	1427. 0	396. 8
2009	17174. 7	5153. 0	167. 2	2061. 3	2526. 8	1497. 9	483. 1
2010	19109. 4	5919. 0	202. 3	2431. 1	2832. 8	1723. 5	548. 7
2011	21809. 8	6977. 0	228. 6	2963. 4	3222. 0	1896. 7	701. 4
2012	24565. 0	7916. 6	249. 1	3447. 5	3533. 4	2106. 8	833. 2
2013	26955. 0	8895. 9	293. 0	4025. 4	3793. 2	—	784. 3

数据来源：《中国统计年鉴》。

表 3-11　河南省城镇与农村人均收入　　单位：元

年份	城镇居民家庭人均可支配收入	农村居民年人均纯收入	农村居民家庭人均财产性收入	农村居民家庭人均工资性收入	农村居民家庭人均经营纯收入	农村居民家庭人均家庭经营农业纯收入	农村居民家庭人均转移性收入	城镇居民人均可支配收入位次	农村居民家庭人均纯收入位次
2000	4766.3	1985.8	29.2	473.7	1427.2	933.3	88.9	30	18
2001	5267.4	2097.9	23.6	517.6	1497.2	994.6	98.7	31	17
2002	6245.4	2215.7	32.5	567.1	1549.0	1014.9	107.6	23	17
2003	6926.1	2235.7	38.6	635.6	1487.8	885.0	94.2	23	18
2004	7704.9	2553.2	28.2	754.0	1716.7	1129.0	74.7	22	19
2005	8668.0	2870.6	35.9	854.0	1914.0	1261.0	90.2	20	19
2006	9810.3	3261.0	40.4	1022.7	2108.3	1395.4	117.5	17	19
2007	11477.1	3851.6	53.0	1268.0	2398.2	1581.0	155.4	18	17
2008	13231.1	4454.2	53.0	1500.0	2699.3	1747.0	230.0	16	17
2009	14372.0	4807.0	56.0	1622.0	2891.0	1885.0	275.0	16	17
2010	15930.3	5523.7	59.3	1944.0	3240.4	2154.0	322.0	17	17
2011	18194.8	6604.0	108.1	2524.0	3601.1	2325.0	453.0	20	16
2012	20442.6	7524.9	135.0	2989.0	3973.4	2558.0	508.0	20	16
2013	22398.0	8475.3	160.3	3581.6	4285.4	2696.5	798.4	21	16

数据来源：《河南统计年鉴》。

农村居民人均纯收入主要包括四个方面的来源：农村居民家庭人均财产性收入、农村居民家庭人均工资性收入、农村居民家庭人均经营性收入、农村居民家庭人均转移性收入。财产性收入在四项收入中占比最低，2013 年，农村居民家庭人均财产性收入仅为 293 元，河南省更低，仅有 160.3 元，因此，我们可以忽略财产性收入来源。农村居民家庭人均转移性收入主要指各类政府补贴性收入，这项收入来源在总收入中所占比重也较低，并且在全国的收入水平较为一致，因此，它也不是影响农村居民人均纯收入的主要因素，也可以忽略。真正起到决定性作用的是农村居民家庭人均工资性收入与农村居民家庭人均经营性收入。在 2000 年，全国范围内农村居民家庭人均工资性收入对农村人均纯收入的贡献还处在比较低的水平，前者约占后者的31.2%，在河南省，这一比例更低，仅有23.9%。随着农民进城务工，农民兼业化现象越来越多，农村居民人均工资性收入呈现快速增加的势头，2013年，全国农村居民家庭人均工资性纯收入首次超过家庭经营性纯收入，成为农民最大的收入来源之一，而河南省农村居民家庭人均工资性纯收入暂时还未超过家庭经营性纯收入，但是增长势头同样高过家庭经营性纯收入，未来几年有赶超趋势。目前，河南省农村居民家庭人均纯收入来源最多的还是家庭经营性纯收入，家庭经营性农业纯收入又是其中占比最多的一类。家庭经营性农业纯收入主要指的是农民从事农业生产类的收入，种粮收益就属于这一收入。河南省农村居民家庭人均经营纯收入与其中的家庭经营农业纯收入均高于全国水平，这正是由于河南省大力发展粮食生产所致。

由于时代的发展，每亩粮食用工数量越来越少，兼业农民数量越来越多，这个过程中的收入也构成了主要收入来源之一，相对而言，河南省农民工资性收入较少，而农业收入相对仍然较少，这是导致当地农民收入水平低于全国平均水平的重要原因之一。

3.3.5 产粮大县、财政穷县

2009年，《河南省粮食生产核心区建设规划》获得审批，详细列出了区域集中、粮食增产潜力大、基础条件较好的95个（市、区）县进入规划之中。

基础条件较好、现状水平较高、增产潜力较大、集中连片的95个县作为河南粮食核心区的主体范围。按照往年统计数据，河南省全年粮食产量在10亿斤以上的产粮大县达60个左右，其粮食产量能占到全省的85%左右，“产粮大县已成为河南省粮食生产核心区建设的重要支撑力量”。

国家级贫困县，又称国家扶贫工作重点县，是为重点锁定扶贫区域而设定的一类指标，其划定通常依据当地人均纯收入值。2012年3月19日，国务院扶贫开发领导小组办公室公布了665个国家扶贫开发工作重点县名单。河南共有31个国家级贫困县，分别为：兰考县（开封市）、洛宁县

（洛阳市）、栾川县（洛阳市）、汝阳县（洛阳市）、宜阳县（洛阳市）、嵩县（洛阳市）、封丘县（新乡市）、滑县（安阳市）、鲁山县（平顶山市）、范县（濮阳市）、台前县（濮阳市）、卢氏县（三门峡市）、淅川县（南阳市）、南召县（南阳市）、桐柏县（南阳市）、社旗县（南阳市）、虞城县（商丘市）、民权县（商丘市）、宁陵县（商丘市）、睢县（商丘市）、固始县（信阳市）、淮滨县（信阳市）、光山县（信阳市）、商城县（信阳市）、新县（信阳市）、沈丘县（周口市）、淮阳县（周口市）、平舆县（驻马店市）、新蔡县（驻马店市）、确山县（驻马店市）、上蔡县（驻马店市）。

2012 年 2 月，河南省共列出 53 个扶贫开发工作重点县。河南省共有 26 个下属的县划入集中连片特困区县，分别是民权县、宁陵县、柘城县、栾川县、汝阳县、嵩县、洛宁县、卢氏县、兰考县、鲁山县、南召县、内乡县、淅川县、镇平县、光山县、固始县、新县、商城县、淮滨县、潢川县、商水县、郸城县、太康县、新蔡县、淮阳县、沈丘县。河南省共有 12 个县被划入国家扶贫开发重点县，分别是台前县、社旗县、确山县、平舆县、宜阳县、滑县、虞城县、上蔡县、封丘县、范县、桐柏县、睢县。河南省本身划定了 15 个开发重点县，分别为西华县、扶沟县、舞阳县、方城县、内黄县、正阳县、叶县、原阳县、汝南县、夏邑县、濮阳县、息县、罗山县、泌阳县、伊川县。

在河南省公布的国家集中连片特困重点县名单中，除了镇平县、内乡县、柘城县、潢川县、太康县、商水县、郸城县 7 个县之外，余下的 19 个县与河南省公布的 12 个国家扶贫开发重点县名单加在一起，恰好组成国务院公布的 31 个河南省国家级贫困县。

河南省粮食核心区县与河南省扶贫县之间有什么关联呢？接下来我们通过表 3-12 进行分析。

表 3-12 中所列出的所有县均被划入河南省的粮食核心区，县名称后标注有“国家级”字样的，代表该县属于国家级贫困县；标注有“集中连片特困区”，代表该县属于河南省政府划定的国家集中连片特困地区重点

县；标注有“开发重点县”字样，表示该县属于开发工作重点县。

在给出的95个粮食核心区县中，共有46个县属于扶贫县，在河南省所有产粮大县中，贫困县占48.4%，比例相当高。在这46个扶贫县中，可以根据扶贫等级划分为三类：第一类是既属于国家级贫困县又属于国家集中连片特困地区重点县，共有24个县，而河南省国家级贫困县的个数共有31个，国家级贫困县中77.4%的县是产粮大县。第二类是国家集中连片特困地区重点县，河南省的镇平县、内乡县、柘城县、潢川县、太康县、商水县、郸城县7个产粮大县落入其中；第三类是河南省开发工作重点县，河南省划定的15个开发工作重点县全部属于粮食核心区县，比例高达100%。

从上述分析可知，河南省产粮大县与贫困县重叠的现象十分严重。河南省“种粮大省、财政穷省”的现状在产粮大县的身上得到了最有力的诠释。可以说，发展粮食生产不仅阻碍了当地经济发展，甚至给主产区政府与人民生活的正常运作带来了威胁。

表3-12 粮食核心区县与贫困县重叠情况

所属市	粮食核心区包含的县名称
开封市	杞县、通许县、尉氏县、开封县、兰考县（国家级、集中连片特困区）
洛阳市	孟津县、宜阳县（国家级）、洛宁县（国家级、集中连片特困区）、伊川县（开发重点县）
平顶山市	叶县（开发重点县）、汝州市、郏县
安阳市	安阳县、汤阴县、滑县（国家级）、内黄县（开发重点县）
鹤壁市	浚县、淇县
新乡市	新乡县、获嘉县、原阳县（开发重点县）、延津县、封丘县（国家级）、长垣县、卫辉市、辉县市
焦作市	修武县、博爱县、武陟县、温县、沁阳市、孟州市
濮阳市	清丰县、南乐县、范县（国家级）、濮阳县（开发重点县）、台前县（国家级）
许昌市	许昌县、鄢陵县、襄城县、禹州市、长葛市
漯河市	郾城区、舞阳县（开发重点县）、临颍县

续表

所属市	粮食核心区包含的县名称
南阳市	宛城区、卧龙区、方城县（开发重点县）、镇平县（集中连片特困区）、社旗县（国家级）、唐河县、桐柏县（国家级）、邓州市、新野县、南阳县、西峡县、内乡县（集中连片特困区）、淅川县（国家级、集中连片特困区）
商丘市	梁园区、睢阳区、民权县（国家级、集中连片特困区）、睢县（国家级）、宁陵县（国家级、集中连片特困区）、柘城县（集中连片特困区）、虞城县（国家级）、夏邑县（开发重点县）、永城市
信阳市	浉河区、平桥区、罗山县（开发重点县）、光山县（国家级、集中连片特困区）、固始县（国家级、集中连片特困区）、潢川县（集中连片特困区）、淮滨县（国家级、集中连片特困区）、息县（开发重点县）、商城县（国家级、集中连片特困区）
周口市	扶沟县（开发重点县）、西华县（开发重点县）、商水县（集中连片特困区）、沈丘县（国家级、集中连片特困区）、郸城县（集中连片特困区）、淮阳县（国家级、集中连片特困区）、太康县（集中连片特困区）、鹿邑县、项城市
驻马店市	驿城区、西平县、上蔡县（国家级）、平舆县（国家级）、正阳县（开发重点县）、确山县（国家级）、泌阳县（开发重点县）、汝南县（开发重点县）、遂平县、新蔡县（国家级、集中连片特困区）

数据来源：河南省人民政府办公厅关于公布扶贫开发工作重点县名单的通知；河南省人民政府办公厅关于河南粮食生产核心区建设规划的实施意见豫政办〔2010〕114号。

3.4 本章小结

本章就河南省的粮食相关情况与经济现状做了较为细致的研究。主要结论如下：

第一，粮食方面。①河南省自新中国成立起便是我国重要的粮食生产大省，近几十年来粮食产量不断攀升；②2006年以前，河南省粮食增产主要依赖单产的提高，从2007年之后则主要依赖粮食播种面积的增加；③河南省粮食净调出量逐年提高，2014年粮食调出量约为2368.15万吨，成为我国为数不多的粮食净调出大省；④粮食加工企业数量较多，加工能力非常大，但是工业产值不高，税收贡献率相对较低，粮食的加工主要停留在初级阶段，附加值不高。

第二，经济现状。①河南省GDP值位居全国第五位；②地方财政收入与财政税收收入占 GDP 的比率较低；③三次产业产值均不断提高，其中第一产业占 GDP 的比重处于持续下降状态，但该比值仍高于全国平均水平，二三产业占 GDP 比值持续增加；④河南省人均收入水平整体处于全国中下游水平；⑤从县级层面讨论，河南省粮食生产核心区县与贫困县重合程度高达 48.6%，粮食生产对经济的影响不容忽视。

不论从生产，还是加工方面，河南省粮食总体水平较高，尤其生产能力、粮食调出能力方面对全国意义重大，相对而言，河南省的经济发展水平要落后于粮食发展。粮食的生产是否对经济的发展存在较大的影响？这是我们接下来要讨论的主要问题，也是为粮食主产区提供补偿的重要依据。

第4章

利益补偿依据——政府层面

粮食主产区的利益流失，归根结底是土地的挤占与资金的流失，可以通过机会成本的形式表现出来，根据其发生途径细分为两部分：第一部分是潜在利益的流失，这部分主要是由于耕地无法充分转移用途而导致的潜在收益损失，可以通过土地的机会成本加以衡量；第二部分是直接的利益流失，主要包括粮食主产区为保障粮食生产而进行配套的各类资金。

本章中，将以河南省作为案例，运用河南省数据对粮食主产区发展粮食生产而产生的机会成本进行分析，为粮食主产区利益流失提供实证支持。同时，结合相对比较优势理论，以广东省作为粮食主销区案例，对河南省与广东省耕地的机会成本进行对比，在分析粮食主产区种粮导致利益受损的同时，强调粮食主销区由于卸下粮食安全重任而获得利益，为共担粮食安全责任、构建粮食主销区对主产区的转移支付提供论证支持，为主产区耕地补偿额度范围提供参考。

4.1 土地供需矛盾分析

当前和未来一个时期，是河南省二次产业与三次产业快速发展时期，人口增加、粮食保产、经济社会发展等都对土地的分配与使用提出更严苛的要求。通观河南省土地资源现状，可利用土地面积相对于庞大数量的人口与快速发展的经济而言，显得十分有限，土地供求矛盾逐步显现，成为河南省乃至全国大部分地区的突出矛盾。

4.1.1 建设用地需求激增

城市化用地需求增加。2014 年，河南省城镇化率为 45.2%，低于全国同期水平 54.77%，为加快小康水平建设，河南省提出至 2020 年，城镇化率突破 50%，城市建设用地量未来仍不断增加。

交通规划用地需求增加。河南地处中国中东地区，地理位置十分重要，横贯东西，纵通南北，是我国人员、物资周转中心集散地，省内交通规划用地需求亦十分突出。

经济发展用地需求增加。2012 年，国家批准设立中原经济区，河南省大部分地区均被纳入且属于中心地区，中原经济区目的在于刺激中原地区经济发展，使中原地区成为国家层面的交通枢纽，成为区域协调发展重要纽带，成为带动全国经济继续腾飞的中坚力量。该区域内各类工厂、企业、基础建设项目等共同开展，对土地的需求又更进一步。

在土地需求量激增与土地后备供给不足的双重压力下，省内行业间、城乡间和区域间的土地利用矛盾也将日益突出。一些行业和地方从局部利益出发盲目扩大用地规模、无序竞争、重复建设，进一步加剧了这种矛盾。部分地区规划建设用地需求总量甚至已经大大超出全省土地资源的总体保障能力。

4.1.2 耕地需求量有增无减

河南省是人口大省，2014 年河南省人均耕地面积为 1.23 亩，低于全国平均水平。随着人口数量与人均粮食消费量的增加，河南省保障粮食安全的任务越来越重，粮食生产对耕地的需求将继续增加。

4.1.3 土地后备资源不足，供给压力增大

多方面原因导致对土地，尤其是耕地的需求大增，然而土地供给相对不足。造成土地供给不足的主要原因有三个方面：第一，大量耕地用

途通过基本农田等政策被固定了下来，耕地非农化转化将越加困难；第二，可供整理复垦的耕地资源越来越少且难度不断加大；第三，可供整理利用的后备土地资源不足。据国土资源专项调查与评估结果显示，2005 年河南省全部适宜耕作的土地后备面积仅有 0.0996 万平方千米，数量较少，并且主要分布在河流滩涂沿岸以及低山丘陵地带，受保护水土、保护生态、难以开发等限制，真正适宜开发的地区极少。2014 年数据显示，河南省下属漯河、商丘、郑州、许昌等市的耕地后备资源已经处于近乎枯竭的状态。

4.1.4 土地供需矛盾模型

土地资源的总量是固定不变的。当社会发展水平较低时，对土地的需求总量并不太大，土地总量很多，因此可以把土地供给看成是具有弹性的。随着经济水平的发展，对土地的需求量逐渐增加，当前，可供使用土地大都投入使用，不再存在大量可供开发用地，土地的供给是刚性的。

假设 T 代表某一区域内土地总量，那么根据土地的使用情况，可以将土地分为四类：第一，种植业用地，用 P 表示；第二，建设用地，用 B 表示；第三，后备土地，用 R 表示；第四，不可利用土地，用 N 表示。则有：

$$T=P+B+R+N \tag{4-1}$$

当前，河南省后备土地数量不足现有耕地的 1.5%，不可利用土地数量固定，即 R 与 N 固定，T 仅由 P 和 B 决定。显然，当前耕地需求与建设用地之间形成了明显的竞争关系，两者之间存在挤出作用。

正是由于“挤出”的存在，河南省大量土地用于粮食生产，并且相当一部分粮食外调他省，产出这部分粮食的耕地必然对当地的建设用地产生一定的挤出效应，因此被挤出的原本可能用于二三产业的部分耕地便产生了机会成本。接下来，我们具体分析耕地在不同情况下的机会成本。

4. 2 单位土地面积 GDP 产值对比

运用单位土地面积上平均 GDP 产值这一变量，可以对河南省与广东省的土地产出有一个大致了解。

图 4-1 是河南省与广东省主要年份的单位土地面积上平均 GDP 产值走势。1985 年，河南省单位土地面积上平均 GDP 产值为 28. 3 亿元/万平方千米，同时期广东省单位土地面积上平均 GDP 产值也仅为 32. 1 亿元/万平方千米，后者是前者的 1. 13 倍，绝对值差也仅有 3. 8 亿元/万平方千米。在 1985 年前后，我国总体经济水平一般，尚处于改革开放初期，两省之间存在一定差距，但并未拉开太久。从 1985 年至 2000 年，河南省单位土地面积上平均 GDP 产值上升至 321. 1 亿元/万平方千米，广东省单位土地面积上平均 GDP 产值上升至 596. 7 亿元/万平方千米，后者是前者的 1. 86 倍，而绝对差值已经扩大到 275. 6 亿元/万平方千米。2001 年，国务院印发了《关于进一步深化粮食流通体制改革的意见》，标志着国家粮食安全自此基本上形成“主产区”“主销区”的粮食生产的区域分工格局。从图 4-1中可以较为明显地看出，由于体量已经到达一定程度，从 2000 年开始，广东省单位土地面积上平均 GDP 产值上升的速度明显快于河南省，两省之间的差距不仅没有缩小，反而开始呈加速扩大趋势。截止到 2014 年，河南省单位土地面积上平均 GDP 产值为 2183. 7 亿元/万平方千米，同时期广东省单位土地面积上平均 GDP 产值已达 3766. 2 亿元/万平方千米，后者是前者的 1. 72 倍，两者的差距已经高达 1582. 5 亿元/万平方千米。

尽管土地产出能力受多方面因素影响，河南省与广东省的地理位置、先天条件等也存在较大差异，但是不可否认的是，随着国家对比较优势认识的加深，粮食产销区划分逐步确立，以广东作为代表的粮食主销区依托自身定位获得了更多的发展空间，使得经济更加高速发展，而以河南省为代表的粮食主产区则受到诸多限制，其中来自土地方面的限制是最为重要的方面之一。单位土地面积上 GDP 产值的差异，实质上是对不同粮食功能划分区域的土地保护的机会成本的宏观概括。因此，不同地区土地产出能

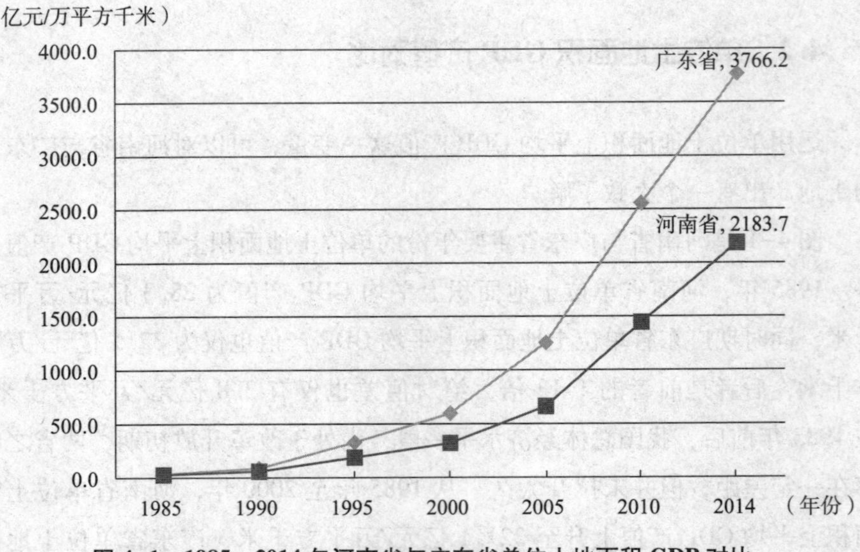

图 4-1　1985—2014 年河南省与广东省单位土地面积 GDP 对比

力的差别也为寻求地区间经济补偿途径提供了有益的线索（朱新华、曲福田，2008）。

土地可以用作多种用途，其收益水平也是不一样的，这是土地使用面临不同机会成本的根本原因。大体上来说，可以获得收益的土地主要有三种使用用途：第一种是种植类用途，主要包括粮食作物耕种及经济作物类耕种；第二种是商业住宅类用途，如市场、住宅、办公楼等；第三种是工业类用途，如厂房等。接下来，我们将从土地的不同使用途径出发，逐个分析粮食产销区在不同情况下面临的机会成本。

4.3　耕地机会成本损失分析——种植业角度

4.3.1　单位土地面积农作物收益对比

土地用作种植业耕地时，不同农作物每亩的净收益也是不同的。接下来我们将利用农作物亩均净收益作为参考标准，来衡量土地耕作的机会成本。

河南省与广东省主要农作物的种植类型有：第一类，三种主要粮食作物，包括小麦、玉米和水稻，三种作物在河南省种植面积均较大，广东省则以水稻作为主要粮食种植作物；第二类主要是经济作物类，包括大豆、花生和油菜籽为主的油料作物，在两省均有广泛种植，再有诸如水果、蔬菜、烟草、棉花等作物，种植面积也十分广泛。由于气候等条件，相同农作物在两省的亩均收益也不尽相同，本研究出于类比的方便以及数据的可获得性，统一选用全国农作物的亩均收益作为参照指标。

表4-1中列出了自2000年以来全国范围内几种常见农作物的亩均收益，由于农作物的净收益受市场供求影响较大，因此会出现个别年份数据波动较大的现象，我们在计算农作物每亩净收益的时候，采用的是去除最大值与最小值后数据加总平均的方法，以尽可能地减小价格波动对农作物净收益的影响。

结合历年净收益变化趋势以及平均值来看，在油料作物中，大豆和油菜籽的亩均净收益明显低于三种粮食亩均收益，只有花生的亩均净收益高于三种粮食亩均收益。通过表4-1中数据不难发现，大豆与油菜籽的价格随年份波动剧烈，再考虑到近年来我国油料市场受国外冲击巨大，大豆自给率不足15%，因此油料作物类农作物无法较为客观地反映出不同农作物的耕种机会成本。烤烟近15年来的亩均净收益值为125.7元，仅比三种粮食平均每亩净收益低5.8元，两者基本持平，与大豆、油菜籽较为相似的是，烤烟的净利润值波动也较大，因此，相较粮食种植，烤烟种植风险较大，获利与损失并存。棉花、桑蚕茧、甘蔗以及果蔬类作物的亩均净收益要明显高于三种粮食亩均净收益，其中棉花、桑蚕茧与甘蔗的亩均净收益大致处于一个水平，棉花亩均净收益为193.9元、甘蔗的亩均净收益为256.3元、桑蚕茧亩均净收益为437.7元，分别是三种粮食亩均净收益的1.47倍、1.95倍和3.33倍，而蔬菜类与水果类农作物的亩均净收益则远超过上述品种，并且波动浮动较小，蔬菜类亩均净收益为1901.5元，柑橘的亩均净收益为1645.3元，苹果的亩均净收益高达2162.5元，三者分别是三种粮食亩均净收益的14.46倍、12.51倍和16.44倍。

表 4-1　2000—2014 年全国范围内农作物每亩平均净收益

单位：元

年份	2000	2001	2002	2003	2004	2005	2006	2007	2008	2009	2010	2011	2012	2013	2014	去除最大值与最小值后的平均数
三种粮食平均每亩净利润	-3.22	39.43	4.86	34.21	196.5	122.58	154.96	185.18	186.39	192.35	227.17	250.76	168.4	72.94	124.78	131.5
大豆每亩净利润	46.35	26.51	71.81	111.73	127.06	81.48	67.84	175.21	178.45	107.52	155.15	121.95	128.63	33.68	-25.73	96.5
油菜籽每亩净利润	-68.6	-53.15	-62.86	2.37	84.64	-0.53	2.76	181.92	308.46	42.52	8.59	21.27	-81.6	-98.3	-161.74	-1.6
花生每亩净利润	93.29	57.49	144.04	157.26	318.19	203.59	372.9	620.01	256.39	546.38	497.26	722.79	675.2	124.6	143.78	319.5
烤烟每亩净利润	68.79	103.69	180.12	167.42	187.42	138.46	60.3	36.48	319.23	269.18	13.28	59.37	224.45	-37.3	-146.08	125.7
棉花每亩净利润	214.24	51.59	211.31	461.28	223.05	331.36	335.72	387.92	-16.71	308.59	983.97	202.49	25.26	-214.98	-686.44	193.9
甘蔗每亩净利润	157.85	185.84	-2.26	-17.73	88.68	393.11	399.48	358.93	195.82	348.74	785.87	700.52	405.95	116.81	-150.04	256.3
蔬菜平均每亩净利润	1112.09	1379.59	1181.19	1340.89	1562.91	1606.7	1509.94	2226.79	1881.69	2087.83	2776.89	2557.67	2455	2852.27	2152.12	1901.5
柑橘每亩净利润	—	—	—	—	1218.98	1718.59	1767.88	1804.76	209.39	1172.33	2098.65	1712.72	1319.17	1994.65	2105.51	1645.3
桑蚕茧每亩净利润	493.38	511.8	32.81	202.61	566.79	725.87	1305.1	419.68	136.99	419.12	991.6	874.48	318.57	-3.63	-614.89	437.7
苹果每亩净利润	301.17	336.76	381.28	585.3	942.74	1533.86	1636.79	2442.57	1945.52	2941.28	5031.68	4611.99	4026.89	3246.72	3480.85	2162.5

数据来源：全国农产品成本收益资料汇编（2000—2015 年）。

由几种农作物的亩均净收益可以看出，除了油料作物（大豆、油菜籽、花生）外，大部分农作物的亩均净收益均大于等于三种粮食作物的亩均净收益，作为主要农作物的蔬菜水果类农作物亩均净收益更是超过粮食十几倍。总体来看，同样土地数量情况下，种植三种粮食作物的收益远低于种植大部分经济作物。粮食主产区内拥有大量基本农田，只能用作粮食种植，因此，主产区内土地播种的农作物品种之间，存在机会成本。

4.3.2 农作物种植结构对比

从土地用于耕作的农作物品种类型进行讨论，粮食主产区土地存在产生机会成本的可能，但是只有土地能够用于其他作物种植而未种植的情况下，机会成本才会切实出现，即如果土地已经用于其可获利最高的途径，就不再存在机会成本。因此，有必要对粮食产销区在种植业方面的土地配置情况进行讨论，分析存在机会成本的土地数量与规模，为主产区的利益流失提供参考。

表4-2、表4-3给出了河南省与广东省耕地结构状况。需要指出的是，两个表中粮食作物的播种面积特指的是谷类作物，即小麦、玉米、水稻之类，不包含豆类与薯类农作物的播种面积；经济作物类指的是除了谷类、豆类与薯类的其他农作物的统称。这样进行界定主要有如下考虑：首先，本研究对“粮食”的含义进行了界定，主要研究小麦、玉米、水稻三类作物；其次，油料作物中大部分（上述提到的大豆、油菜籽、花生）存在较强烈的价格波动与产值劣势，因此在这一部分就未再涉及；最后，目前河南省与广东省的主要经济作物类型，其中水果、蔬菜、糖料作物、棉丝等占据主要位置，其他类型的作物占比非常少，考虑到数据的不可获得性及简便性，就直接采用除谷物、豆类及薯类之外的农作物作为经济作物播种量。

（1）河南省种植结构分析。

耕地面积是指一个地区常年可以种植作物的土地面积，从2000年开始，除了个别年份有一些小的波动外，河南省的耕地面积总体处于不断上升的状态，2000年，河南省耕地面积为6875.3千公顷，至2013年时，增长到8140.7千公顷，耕地面积的增加通常是来自开荒（已种上农作物的新开垦荒地）、基建占地还耕、河水淤积、平整土地和治山、治水等，因此河南省耕地面积的持续增加说明主产区政府对于土地的复垦以及保护工作做得比较好。农作物播种面积是指一个地区的耕地面积及复种指数，同样地，粮食作物播种面积与经济作物播种面积也是指作物耕地面积与复种指数的乘积。与耕地面积一样，农作物总播种面积与粮食作物播种面积也处于一个不断增加的状态，2000年农作物总播种面积由13136.9千公顷增加至2014年的14378.3千公顷，增加量为1241.4千公顷；粮食作物在全部播种农作物中所占比例，2000年为58.9%，到2014年已经提高到65.4%，相应地，粮食作物播种面积由2000年的7737.6千公顷增加至2014年的9403.4千公顷，增加到绝对值为1665.8千公顷。显然粮食播种面积的增加值甚至超过了农作物总播种面积的增加值，由此可以推断，粮食播种面积的增加必然挤出了其他农作物的播种面积，由表4-2我们可以发现，被挤出的农作物主要是经济作物类。

2000年，经济作物类播种面积为4111.8千公顷，占农作物总播种面积的31.3%，到2014年，这一比例已下降至28.2%，经济作物播种面积下降至4054.7千公顷，在耕地面积与农作物总播种面积均不断提升的情况下，经济作物播种面积以及在农作物中占比均不断下降，再次印证，粮食主产区政府为了发展粮食增产、提升粮食产量，不仅牺牲了新增耕地的机会成本，甚至压缩了已有经济作物的种植。

表4-2　河南省耕地结构概况

年份	耕地面积（千公顷）	农作物总播种面积（千公顷）	主要农作物种植结构，粮食作物（%）	粮食作物播种面积（千公顷）	主要农作物种植结构，经济作物（%）	经济作物播种面积（千公顷）	粮食单位面积产量（千克/公顷）	粮食必要播种面积（千公顷）
2000	6875.3	13136.9	58.9	7737.6	31.3	4111.8	4542.3	7699.4
2001	6907.3	13127.7	57.8	7587.8	32.8	4305.9	4670.0	7541.7
2002	7263.0	13359.8	58.4	7802.1	32.8	4382.0	4691.0	7553.5
2003	7187.2	13684.4	57.3	7841.2	34.8	4762.2	4000.2	8907.7

续表

年份	耕地面积（千公顷）	农作物总播种面积（千公顷）	主要农作物种植结构，粮食作物（%）	粮食作物播种面积（千公顷）	主要农作物种植结构，经济作物（%）	经济作物播种面积（千公顷）	粮食单位面积产量（千克/公顷）	粮食必要播种面积（千公顷）
2004	7177. 5	13805. 7	57. 3	7910. 7	35. 0	4832. 0	4749. 1	7541. 8
2005	7926. 3	13922. 7	58. 1	8089. 1	34. 3	4775. 5	5006. 0	6906. 6
2006	7202. 4	14185. 6	61. 5	8724. 1	32. 4	4596. 1	5434. 0	6370. 8
2007	7201. 9	14087. 8	61. 5	8664. 0	32. 8	4620. 8	5540. 0	6227. 6
2008	7926. 4	14181. 7	61. 6	8735. 9	32. 3	4580. 7	5589. 0	6234. 5
2009	7926. 4	14196. 6	62. 3	8844. 5	31. 8	4514. 5	5565. 1	6299. 8
2010	7926. 4	14248. 7	62. 6	8919. 7	31. 6	4502. 6	5582. 1	6226. 4
2011	7926. 4	14258. 6	63. 5	9054. 2	30. 9	4405. 9	5621. 3	6181. 3
2012	8156. 8	14262. 2	64. 2	9156. 3	30. 0	4278. 7	5647. 0	6174. 4
2013	8140. 7	14323. 5	64. 8	9281. 6	29. 6	4239. 8	5667. 0	6945. 0
2014	—	14378. 3	65. 4	9403. 4	28. 2	4054. 7	5654. 0	7011. 8

数据来源：《河南统计年鉴》。

如果按照粮食主产区粮食产量实现本区域内粮食 95%的自给率为标准，粮食主产区应该保有多大体量的粮食必要播种面积才比较合适呢，需要不断扩大粮食播种面积、压缩其他作物吗？为了解答这个疑问，我们来分析一下粮食必要播种面积。分析粮食产销区耕地结构状况，需要运用到一个指标，粮食必要播种面积，这项指标没有直接统计数据，需要我们进行计算得出。2008 年一份国家文件中《粮食安全规划纲要》指出，全国粮食在 2007 年总产量为 5. 016 亿吨，人均消费量 0. 388 吨，而计算得知人均占有量仅为 0. 38 吨。按照当前情况进行预测，2010 年，人均消费量约增加到 0. 389 吨/年；至 2020 年，这一数字可以达到 0. 395 吨/年，对粮食的全国需求总量约为 5. 725 亿吨。为了便于计算，我们暂时把 2007 年及之前年份的人均粮食消费量按 388 千克计；2008—2010 年的人均粮食消费量按 389 千克计；2010 年之后，按每年的人均粮食消费量增长 0. 6 千克计。把我国粮食自给率 95%考虑在内，可以计算得出河南省的粮食必要播种面积，即按照粮食消费量以及单位面积粮食生产数量计算出的粮食播种面积如式（4-2）所示：

$$粮食必要播种面积=\frac{人口数量\times粮食自给率\times相应年份人均粮食消费量}{粮食单位面积产量} \tag{4-2}$$

河南省的粮食实际播种面积一直高于粮食必要播种面积（除 2003 年之外，2003 年由于各种原因导致粮食减产，粮食单位面积产量明显低于其他年份，因此粮食必要播种面积大大增加，超过了实际播种面积，在这里，2003 年的数据不具有典型性，暂不予以考虑），也就是说，河南省一直在负担着超额的粮食生产任务，担负着超过自身需求的粮食安全需求。由于粮食单位面积产量的不断提升，超过同期人口增长与消费增长，所以粮食必要播种面积也在不断减少，而粮食播种面积逐年增加，造成的结果是粮食实际播种面积与粮食必要播种面积之间的差额由最初的 38.2 千公顷扩大到 2391.6 千公顷，由此可以推断，粮食主产区所担负的粮食生产以及粮食安全重任越来越大。

综上所述，河南省为了发展粮食生产、保障粮食安全，在积极扩展耕地面积的同时，不断增加粮食作物播种面积，减少经济类作物播种面积，使得河南省土地在种植业用途方面产生了巨大的机会成本。总结起来就是，超过粮食必要播种面积的土地可以用来种植亩均净利润高于粮食的其他农作物，以增加当地农民收益、增加粮食主产区政府 GDP，提高财政收入水平，但是实际上并未如此。

（2）广东省与河南省的对比分析。

相对而言，以广东省为代表的粮食主销区耕地变化情况又如何呢？表 4-3是广东省耕地结构情况。广东省的耕地面积总体也在不断增加，但是增加量较小，2000 年，广东省耕地面积为 2252.6 千公顷，2014 年也仅有 2625.5 千公顷。农作物总播种面积与粮食作物播种面积变化方向相反，农作物总播种面积由 2000 年的 5156.9 千公顷减少至 2014 年的 4744.9 千公顷。农作物播种面积主要包括两部分，粮食作物播种面积与经济作物播种面积，其中，粮食作物在全部播种农作物中所占比例由 2000 年的 51.8%

降低至 2014 年的 45.5%，相应地，粮食作物播种面积由 2000 年的 2673.1 千公顷减少至 2014 年的 2157.8 千公顷，减少的绝对值为 515.3 千公顷，粮食播种面积的减少量甚至超过了农作物总播种面积减少值，由此可以推断，必然存在其他农作物播种面积挤出了粮食播种面积，由表 4-3 可以得知，这类农作物主要是指经济作物类。2000 年，经济作物播种面积为 1959.6 千公顷，占农作物总播种面积的 38%，到 2014 年，这一比例已增加至 45.8%，相应地，经济作物播种面积增加至 2173.2 千公顷，在耕地面积与农作物总播种面积均不断减少的情况下，经济作物播种面积以及在农作物中占比均不断增加，说明粮食主销区政府充分挖掘了耕地的潜在价值，使得单位面积土地用于种植业的收益最大化，为此压缩了粮食作物的种植面积，不断为自己减轻粮食生产的重任，卸去粮食安全的重担。

广东省的粮食实际播种面积一直远低于粮食必要播种面积，广东省在粮食安全方面的贡献一直较低。由于广东省粮食的主要种植品种为水稻，在过去的几年中亩产提高不明显，而同期人口增长迅速，粮食消费量激增，导致粮食必要播种面积激增，考虑到粮食播种面积逐年减少，造成的结果是粮食实际播种面积与粮食必要播种面积之间的缺口由最初的 3324.6 千公顷扩大到 5206 千公顷。

表 4-3 广东省耕地结构概况

年份	耕地面积（千公顷）	农作物总播种面积（千公顷）	主要农作物种植结构，粮食作物（%）	粮食播种面积（千公顷）	主要农作物种植结构，经济作物（%）	经济作物播种面积（千公顷）	粮食单位面积产量（千克/公顷）	粮食必要播种面积（千公顷）
2000	2252.6	5156.9	51.8	2673.1	38.0	1959.6	5316.0	5997.7
2001	3272.2	5245.5	50.5	2649.1	39.4	2066.7	5119.3	6287.9
2002	3272.2	4804.9	47.7	2292.4	42.8	2056.5	5141.3	6339.2
2003	2134.0	4883.4	46.9	2289.8	43.4	2119.4	5160.4	6402.1
2004	3272.2	4808.0	50.0	2402.0	40.3	1937.6	4983.0	6739.5
2005	2102.6	4815.4	49.9	2400.0	40.4	1945.4	5006.2	6769.4
2006	3272.2	4382.6	49.1	2154.4	42.2	1849.4	5037.0	6909.5
2007	2848.0	4365.2	49.5	2161.9	41.8	1824.7	5181.2	6872.3

续表

年份	耕地面积（千公顷）	农作物总播种面积（千公顷）	主要农作物种植结构，粮食作物（%）	粮食播种面积（千公顷）	主要农作物种植结构，经济作物（%）	经济作物播种面积（千公顷）	粮食单位面积产量（千克/公顷）	粮食必要播种面积（千公顷）
2008	2831.0	4404.3	49.5	2180.5	41.8	1841.0	4974.0	7350.1
2009	2841.4	4498.4	49.4	2210.7	41.8	1880.3	5178.3	7229.3
2010	2878.5	4524.5	48.7	2202.8	42.6	1927.4	5200.0	7420.1
2011	2878.5	4572.0	48.1	2197.8	43.3	1979.7	5378.3	7229.2
2012	2616.2	4629.6	47.8	2209.6	43.8	2027.8	5497.0	7144.1
2013	2614.4	4698.1	46.3	2173.1	45.3	2128.2	5250.0	7527.0
2014	2625.5	4744.9	45.5	2157.8	45.8	2173.2	5415.0	7363.8

数据来源：《广东统计年鉴》。

由上可知，广东省由于摆脱了粮食生产的限制，土地得以较为自由地转变用途，表现在种植业方面就是，在耕地面积不断减少的同时，减少粮食作物播种面积，增加经济类作物播种面积，使得土地获得其用于种植业可以获得的最大利润，避免了潜在的利益流失，为主销区农民与政府带来利益。

4.3.3 种植业利益损失分析

种植业机会成本的存在依赖于两个条件：第一，单位面积上不同农作物之间的收益率不同，为机会成本的发生奠定基础，即存在不同的选择策略；第二，存在粮食作物对其他农作物的播种面积挤出状况，使机会成本能够真实存在，即存在选择非最大获利的决策。河南省在本省土地使用量基本饱和、建设用地需求量激增的情况下仍然能够生产并大量外调给其他省粮食，可见，河南省部分用于粮食作物播种的土地存在机会成本。

2013 年，河南省农业总产值为 4202.3 亿元，广东省为 2444.7 亿元，前者是后者的 1.72 倍，而就耕地面积而言，河南省是广东省的 3.11 倍，足可见单位面积土地用于种植业时的收益差距。以河南省为代表的粮食主产区出于提高粮食产量的考虑，一直在不断增加耕地面积，扩大粮食播种面积，以至于对经济类作物造成了一定的挤出效应，使得主产区土地中非必须用于粮食生产的耕地产生了机会成本，给主产区农户与政府造成了一定的利益损失。而以广东省为代表的粮食主销区情况恰好与主产区相反，虽然耕地数量略微增加，但是农作物总播种面积与粮食作物播种面积不断降低，收益率高的经济类作物播种面积与整体比重却不断提升，最终导致广东省的粮食缺口越来越大。粮食主产区承担了过多的粮食生产与粮食安全重任，却因此损害了自身利益，与此同时，粮食主销省不断为自己卸下粮食生产的包袱，转而发展其他高收益的种植业，在获得高收益的同时，并未付出任何代价。

4.4 耕地机会成本损失分析——土地开发使用视角

当土地可以进行开发，用于工业、商业、住宅等用途时，所获得的收益无论从来源还是额度都要比作为种植用地多。

从粮食主产区政府角度来说，可以大大提高 GDP 总量和财政收入水平。首先，土地在开发阶段，最初需要向政府购买土地进行建设，才能投入使用，这一阶段需要向政府缴纳土地使用权出让金，如果土地来源为耕地，还需一次性缴纳耕地占用税；房地产企业在开发过程中需要缴纳的税种有很多，包括土地增值税、企业和个人所得税、房产税等多达十余种税费。其次，也是最为重要的，当建筑落成后，企业、商业入驻，从生产到销售及一系列周边服务就开始了，这个过程能够产出大量 GDP，政府可以通过企业所得税、个人所得税等多种税种增加财政收入。从粮食主产区个人角度出发，土地开发的过程可以创造大量的劳动岗位，一方面带动当地就业，另一方面能够提高主产区人民收入水平。因此，粮食主产区土地用于地产开发与使用的机会成本也由三部分构成：第一部分是土地出让金、耕地占用税收益；第二部分是地产开发阶段收益，主要是开发商及个人缴纳的各项税收；第三部分是地产及其上的建筑物正式投入使用后，从使用土地及建筑物的企业和个人中征收的各类税收收益。

4.4.1 土地使用权出让的机会成本分析

我国政策明确规定，可以通过两种途径来获取建设用地：第一种途径是划拨，由政府根据需求决定；第二种途径是出让，出让的实际操作形式有四种，协议、招标、挂牌和拍卖。划拨土地在使用权限上一般没有明确的限制，无须缴纳土地出让金。出让土地则必须缴纳土地出让金，开发商取得的土地一般都是出让的，出让土地住宅使用年限一般是70年，商业40年，综合50年，出让土地到期后可以续交出让金继续使用。国土资源部下发的第11号文件（2002年）中，明确规定了对经营性用地（如商品房屋等）的获取必须采用出让方式，且仅能通过挂牌、招标和拍卖三种途径进行。因此，土地用于地产开发时能够获得出让金的部分是出让土地部分。

表4-4 河南省与广东省土地出让情况对比

年份	河南省		广东省	
	国有土地供应出让土地面积（公顷）	国有土地供应出让成交价款（亿元）	国有土地供应出让土地面积（公顷）	国有土地供应出让成交价款（亿元）
2005	4503.2	128.1	13374.6	353.2
2006	7046.9	205.5	14460.3	616.0
2007	8206.8	238.8	17550.8	1132.2
2008	7254.5	335.5	8204.4	675.4
2009	8408.8	370.6	9692.6	1332.4
2010	11992.8	651.4	12937.1	1350.0
2011	15317.7	950.3	12029.0	1369.3
2013	19544.4	1503.4	14424.1	3254.5

数据来源：《中国国土资源统计年鉴》（2006—2012年，2014年）。

表4-4给出了河南省与广东省近年来的土地供应出让面积以及出让成交价款。在2010年及以前，河南省土地出让数量一直低于广东省土地出让数量，从2011年起，土地出让面积开始超过广东省。但是广东省土地出让成交价款总额度一直远超出河南省，主要是由于单位面积的土地出让金额

高。以2013年为例，广东省单位面积土地出让价款为2256.3万元/公顷，河南省只有769.2万元/公顷。通过之前对河南的耕地状况分析，河南省土地一直优先向粮食种植用地供给，超过必要粮食作物播种面积的土地同样存在因无法进行工商、建筑业的土地开发而导致的机会成本，而且单从土地出让金角度分析潜在的机会成本便可知，此类机会成本要比种植业的机会成本更大。

当耕地转变其农业用途，运用于建筑房屋等其他非农用途时，国家便会向使用这块土地的个人或集体征收一定的税费，该税费便成为耕地占用税，征收依据是被占用的耕地面积大小。如表4-5所示，随着单位面积需缴纳税率的提升以及被占用耕地数量的增加，两省征收的耕地占用税均逐年增加。当粮食主产区土地使用途径受限时，耕地无法转作他用，政府也就不能取得耕地占用税，这也是潜在的一部分机会成本。

表4-5 河南省与广东省耕地占用税收入对比

单位：亿元

年份	河南省	广东省
2000	1.2	3.7
2001	1.2	4.2
2002	0.9	5.9
2003	1.8	6.6
2004	2.8	9.2
2005	5.4	12.1
2006	10.9	6.8
2007	17.1	11.6
2008	25.4	11.4
2009	29.6	31.1
2010	49.0	56.0
2011	61.2	50.8
2012	78.2	69.7
2013	102.6	80.4
2014	125.3	86.4

数据来源：《中国统计年鉴》。

4.4.2 土地开发转让阶段的机会成本分析

对土地进行开发主要是由房地产企业以及建筑类企业进行的。在这个环节，政府的获益途径是各类税收收入。主要有以下几类税种：第一，营业税，在土地使用权的转让、出租，房屋出租等过程中发生费用，则需缴纳；第二，教育附加费，随着营业税的产生而产生；第三，城市建设维护税，与第二项税费相似，以产生营业税为征收依据，用来维护城市建设；第四，土地增值税，当土地转让时对增值部分征收的税费；第五，土地使用税，单位或个人拥有某块土地的使用权，则需要按照土地面积缴纳相应税费；第六，房产税，拥有房屋产权的单位或个人需要缴纳的税费；第七，印花税，由于交易过程中使用了各种凭证，因而缴纳的税费；第八，契税，土地、房屋所有权变更时所缴纳的税费；第九，企业所得税，企业获得收入时需要缴纳的税费；第十，个人所得税，个人收入需要缴纳的税费。

上述十项税收收入中，主要由地产的开发、转移环节缴纳的税种有土地增值税、房产税、土地使用税、契税，这四类税种能够比较充分地反映地方政府从土地的转移、开发过程中获得的财政收入多寡。而其余的税种，诸如营业税、企业所得税与个人所得税，在土地的开发与转移过程中业也产生了大量税费，但是此类税种的税费来源广泛，不仅仅限于土地的开发转移过程，因此，我们将在后文讨论。

表 4-6 河南省土地相关的税收收入 单位：亿元

年份	契税	地方财政收入中房产税收入	地方财政收入中城镇土地使用税收入	地方财政收入中土地增值税收入
2000	2.7	6.7	1.8	0.1
2001	3.0	7.0	1.9	0.1
2002	3.9	8.8	2.1	0.1
2003	5.9	9.2	2.4	0.2
2004	11.4	10.3	5.2	1.7
2005	19.4	11.8	7.2	2.8
2006	27.0	14.0	9.5	4.6

续表

年份	契税	地方财政收入中房产税收入	地方财政收入中城镇土地使用税收入	地方财政收入中土地增值税收入
2007	35.1	15.7	18.2	15.0
2008	41.7	16.9	37.2	16.4
2009	61.1	21.1	46.3	21.9
2010	89.0	22.8	49.8	38.0
2011	98.1	26.1	57.7	58.4
2012	120.2	34.0	75.6	70.4
2013	185.3	38.8	80.3	97.0
2014	142.0	45.9	95.9	132.5

数据来源：《河南统计年鉴》《广东统计年鉴》《中国统计年鉴》。

表4-6给出了河南省从2000年至2014年的土地增值税、房产税、土地使用税、契税四项税种的税收收入情况。这四项税收主要从“土地投入开发直到交付使用人或单位手中”这个环节中产生，因此税收体量能够较好地反映当地土地开发情况。从2000年至2014年，契税累计征收额为845.6亿元，房产税收入累计为289亿元，城镇土地使用税累计额为491.2亿元，累计土地增值税为459.2亿元。同期，广东省契税累计征收额为2381.5亿元，房产税收入累计为1479.1亿元，城镇土地使用税累计额为1613.3亿元，累计土地增值税为2136亿元（见表4-7）。造成这种现象的原因：一方面，河南省土地开发、转移体量总体少于广东省；另一方面，广东省土地价值更高。

表4-7 广东省土地相关税收收入 单位：亿元

年份	契税	地方财政收入中房产税收入	地方财政收入中城镇土地使用税收入	地方财政收入中土地增值税收入
2000	23.0	24.8	4.3	2.7
2001	28.3	28.7	4.2	4.0
2002	39.5	36.7	5.2	8.3
2003	48.5	45.6	5.9	8.4
2004	63.1	54.8	7.0	9.4
2005	81.9	61.9	8.6	18.9

续表

年份	契税	地方财政收入中房产税收入	地方财政收入中城镇土地使用税收入	地方财政收入中土地增值税收入
2006	98.7	71.8	11.2	30.5
2007	152.4	79.6	18.4	48.3
2008	132.5	92.3	82.7	81.1
2009	175.4	107.0	93.4	107.9
2010	235.5	122.4	877.8	189.8
2011	238.4	145.4	104.1	295.2
2012	271.8	175.4	110.1	408.0
2013	372.5	198.6	129.3	417.5
2014	419.9	233.9	151.0	505.9

数据来源：《河南统计年鉴》《广东统计年鉴》《中国统计年鉴》。

4.4.3 工商业使用中的土地机会成本分析

当土地正式投入工业商业用途时，政府获益来源仍是税收收入。在这部分，营业税、企业所得税、个人所得税成为主要缴纳的税种。衡量一个地区财政状况主要看其税收收入，而税收收入中占比最多的就是营业税收入与企业所得税收入。

表 4-8 为 2000—2014 年河南省营业税、企业所得税、个人所得税的征收情况。需要指出的是，这三种税收不仅存在于土地正式投入使用后带来的税收收入，也包含土地的开发、转移过程中所缴纳的税费。因此，土地在投入使用后可以为政府带来财政收益，并且构成了土地用于工商业开发使用产生的机会成本的一部分，但是具体的机会成本额度不能从这三项税收收入中直接体现，我们只能通过它们的体量大小以及与广东省进行对比分析的方面来侧面反映出这部分机会成本的存在。

表 4-8　2000 —2014 年河南省三项税收收入　　单位：亿元

年份	地方财政收入中营业税收入	地方财政收入中企业所得税收入	地方财政收入中个人所得税收入
2000	48.2	39.6	12.9
2001	52.9	60.8	19.2
2002	63.1	32.0	17.8
2003	75.3	29.1	15.6
2004	92.8	38.4	19.3
2005	111.6	51.6	22.1
2006	143.3	70.2	24.1
2007	184.2	103.1	30.3
2008	209.5	116.8	32.3
2009	252.8	114.8	33.3
2010	319.3	136.6	40.3
2011	404.3	185.2	48.4
2012	482.4	209.1	41.4
2013	581.8	235.6	47.6
2014	627.3	261.0	58.0

数据来源：《中国统计年鉴》。

通过比较河南省与广东省的营业税、企业所得税与个人所得税收入（见表 4-9），不难发现，广东省各项收入一直处于领先水平，在过去的 15 年中，两省之间的差距不但没有缩小，反而越来越大，与我国倡导的区域协调发展策略相矛盾。广东省在土地利用方面相比河南省来说，存在着较大的相对比较优势，若是强制要求广东省大量承担粮食安全责任，大搞粮食生产，无疑对本省、对国家都是很大的损失。

表 4-9　2000 —2014 年广东省三项税收收入　　单位：亿元

年份	地方财政收入中营业税收入	地方财政收入中企业所得税收入	地方财政收入中个人所得税收入
2000	272.4	167.4	84.8
2001	318.2	267.8	117.9
2002	374.9	182.1	100.4

续表

年份	地方财政收入中营业税收入	地方财政收入中企业所得税收入	地方财政收入中个人所得税收入
2003	415.8	170.0	94.8
2004	484.8	194.4	111.6
2005	555.8	236.5	132.4
2006	661.7	297.5	156.9
2007	832.3	428.7	200.1
2008	955.3	535.9	236.4
2009	1073.4	523.0	239.0
2010	1244.3	6788.8	278.3
2011	1431.2	827.9	341.4
2012	1556.8	891.0	322.7
2013	1636.2	974.7	348.0
2014	1730.9	1136.2	408.9

数据来源：《中国统计年鉴》。

4.4.4 土地开发使用阶段的机会成本测算

在上文中，我们从土地用于工商业的开发与使用过程中的几个环节，分别讨论了潜在的机会成本。在土地征用环节，土地出让金与耕地占用税构成了机会成本，在土地的开发与转让环节，各类税收收入构成了机会成本，在土地投入使用之后，仍是税收收入构成了机会成本。除了这部分的机会成本，粮食主产区土地在开发利用过程中还存在很多的潜在损失机会，如各类印花税等较小的税收损失、政府处理土地开发使用过程中的各项事务而发生的各类费用，等等。

由于税收来源无法清晰地界定，因此对比这部分的机会成本无法给出较为明确的数值。我们可以通过其他途径对特定土地的机会成本进行衡量。

表 4-10 是河南省与广东省近年来的商品房屋销售价格。

广东省商品房屋整体售价要高出河南省相应售价一倍多，造成房价高低的因素主要有哪些呢？商品房屋的销售价格通常包含开发成本与房产商利润两部分，造成房价波动的因素，除去市场需求，主要是开发成本。而开发成本中包含了土地使用权出让费用，营业税、城市建设维护税、教育费附加、地方教育费等税费，因此，建筑物价格能够大致衡量出土地征用与开发转让环节的机会成本。通过查询某块土地上企业或个人每年缴纳的税额，又恰好可以反映出该土地用于工商业使用过程中的机会成本。

表4-10 河南省与广东省房屋价格对比 单位：元/平方米

年份	河南省				广东省			
	商品房平均销售价格	办公楼商品房平均销售价格	商业营业用房平均销售价格	住宅商品房平均销售价格	商品房平均销售价格	办公楼商品房平均销售价格	商业营业用房平均销售价格	住宅商品房平均销售价格
2000	1260.0	1996.0	1952.0	1152.0	3228.0	8108.0	5411.0	2973.0
2001	1236.0	1840.0	2162.0	1173.0	3305.0	6627.0	5333.0	3102.0
2002	1380.0	2572.0	2543.0	1291.0	3241.0	5258.0	5847.0	3022.0
2003	1388.0	2081.0	2756.0	1291.0	3241.0	5281.0	5475.0	3022.0
2004	1593.0	2462.0	2857.0	1443.0	3481.0	5713.0	5955.0	3298.0
2005	1867.0	3059.0	3765.0	1659.0	4443.0	8316.0	8105.0	4149.0
2006	2012.0	3456.0	3854.0	1843.0	4853.0	9893.0	7230.0	4589.0
2007	2253.4	3590.2	4394.0	2081.2	5914.3	12529.3	8153.2	5682.1
2008	2339.0	4367.0	5065.0	2138.0	5953.0	10554.0	8630.0	5723.0
2009	2666.0	4511.0	5202.0	2501.0	6513.0	13602.0	9043.0	6360.0
2010	3042.0	8276.0	5563.0	2856.0	7486.0	15238.0	12987.0	7004.0
2011	3500.8	9303.1	7524.1	3123.2	7879.2	17213.1	11877.4	7560.8
2012	3831.0	8820.0	7657.0	3511.0	8112.0	20498.0	12994.0	7668.0
2013	4205.0	9110.0	7518.0	3835.0	9090.0	20792.0	15678.0	8466.0
2014	4366.0	9049.0	7891.0	3909.0	9083.0	18605.0	15183.0	8526.0

数据来源：《河南统计年鉴》《广东统计年鉴》。

因此，对土地用于工商业开发使用的机会成本可以通过下列方法测量：

某块土地用于工商建筑业等开发使用的机会成本=该土地上建筑物价格+使用该建筑物的企业或个人每年纳税金额 (4-3)

不论粮食主产区还是粮食主销区，大量土地用来发展粮食生产必然造成机会成本的出现。粮食主销区通常具有经济、地理等多方面的优势，因而单位面积的收益往往超过粮食主产区很多，也正因如此，其发展粮食生产会带来更大的机会成本。我们在制定粮食主产区利益补偿政策时，要兼顾主产区损失与主销区发展优势，强调责任共担，也强调总的利益最大化。

4.5 农业配套资金的机会成本损失

如果说粮食主产区的耕地机会成本、土地转作工商业开发使用的机会成本是发展粮食生产而放弃的潜在性利益，那么，粮食主产区保障粮食生产、承担粮食安全责任的同时，自身既得收益也遭到一定的损失，主要体现在两个方面：第一，配套资金的机会成本，中央下达的很多农业相关支持性资金往往需要省级、市地级政府另行配套若干，一方面，粮食主产区政府由于承担了大量的粮食生产任务，当地农业体量较大，因此资金缺口大，超出自身发展需要的额外配套资金即是机会成本；另一方面，给本来就不富裕的主产区带来了财政负担，当地财政本来就穷，还要拿钱补贴，又受到土地限制不能放手发展自身经济，如此循环，更无力推进本省的基础设施建设、高科技投入、教育投资等，导致与粮食主销区差距越来越大。第二，粮食主产区利益转移的机会成本，主产区产出的粮食每单位质量中均凝结了中央以及地方政府的补贴金额，当粮食大量运往主销区时，凝结在粮食上的补贴资金实质上由主产区政府转移至了主销区政府，造成了资金的流失，形成了机会成本。

4.5.1 粮食风险基金配套

1995 年，财商字第 396 号文件颁布，宣布成立国家粮食风险基金。该基金由中央与省级政府（省级粮食风险基金由中央补助和省级财政预算安排构成）财政部门共同出资筹建，按照有关规定统筹使用，目的是作为政府专项资金对粮食市场进行调控。

1998年，国发行第15号文颁布，对省级配备的资金比例做了详细规定。以1∶1.5作为界线，最低规模内粮食风险基金的地方配备比例不得低于上述标准，超过该标准的仍按原标准执行。对资金出现的缺口，按照1∶1的原则由中央和省级财政共同承担。粮食风险基金的用途也被固定下来，主要用于如下两种情况：一是储存粮食过程中产生的各类费用、利息可以由此处支出；二是粮食企业对农民余粮进行敞开式收购时，会导致粮食库存增加，如果粮食无法顺利出售导致增加库存费用、利息等可以由基金支付。

1999年，财政部发布《关于中央对地方粮食风险基金补助实行包干办法的通知》，该文件规定自当年起，各省（区、直辖市）的粮食风险基金补助款由中央财政进行总额包干，资金额度按照当年的中央财政对该基金的融资比例进行计算。

2001年，财政部印发《粮食风险基金监督管理暂行办法》的通知。在对地方政府实现粮食风险基金包干基础上，为了进一步支持粮食主产区，从当年起增加对主产区的基金补助。

2009年颁布的中央一号文件中，明确提出“逐步取消主产区粮食风险基金配套”，并计划在2009年、2010年和2011年中逐年递减粮食主产区需要配套的资金额度，至2011年全面完成这一计划，用来调动主产区种粮积极性。

从1994年粮食风险基金成立开始，至2011年粮食主产区全面取消配套粮食风险基金，中间的17年，河南省累计配套的资金均可以看作存在机会成本，当这些配套资金用于发展经济时，往往能够带来更大的收益。

4.5.2 农业综合开发资金配套

1994年，财政部发布《国家农业综合开发资金管理办法》。凡是纳入国家批准的农业综合开发项目总投资计划的各种资金都可以称为国家农业综合开发资金，它的来源非常广泛，从政府层面来讲有中央与地方政府的财政资金、拨付的农业综合开发专项贷款，从个体层面来讲有农村集体和个人筹集的资金，从企业角度讲，企业投入资金或者企业筹集资金也算在内。一省获得的开发资金使用途径是有所限制的，70%以上用于改善农业生产基本条件，30%以下用于发展多种经营和龙头项目带动农产品的系列开发。财政资金采取中央和地方配套的方式投入，中央财政与地方财政的配套比例，各省原则上按 1∶1 配套。

河南省作为农业大省，农业综合事务相对广东省而言事务多、体量大，因此农业综合投入资金量远超出广东省（见表 4-11）。从中央财政配套资金方面来看，2006 年，河南省农业综合开发资金投入中中央财政配套资金为 45465.1 万元，同期广东省配套额度为 27469 万元，前者是后者的 1.66 倍，至 2013 年，河南省农业综合开发资金投入中中央财政配套资金为 200053.0 万元，同期广东省配套额度为 57628.0 万元，前者是后者的 3.47 倍，由此可见国家对于粮食主产区的农业重视程度。再来分析地方财政配套资金，显然，河南省地方政府为农业综合开发配套的资金也比广东省配套的要多。尽管，河南省从国家与地方政府层面上配套的农业综合开发资金均高于广东省，但是河南省并未因此获得太多收益，农业综合开发资金从使用途径上便已明确，只有 30%左右的投入能够获得相对较高的投资收益，因为对于经营类项目的投资往往能够带来较高的营业税与企业所得税收入，剩余 70%的投资通常收益很小，对政府的财政贡献低。从这个角度来说，地方政府配套的农业综合开发资金越多，配套资金的机会成本也越大。

从 1988 年至 2013 年，河南省及市地政府累计为农业综合开发资金配套约 73.3 亿元（见表 4-12），对原本经济就处在弱势的粮食主产区来说，并不十分合理。当然，中央政府已经逐步注意到这些问题，以广东省为代表的粮食主销区农业发展资金中央与地方配套大体是按照 1∶1 的比例进行的，但是粮食主产区政府却在逐年扩大这一比例，增加中央政府的转移支付额度，2013 年河南省中央与地方配套农业综合开发资金的比例已经达到 2.56∶1，而在 2006 年，这一比例仅为 1.15∶1。

表 4-11　河南省与广东省农业综合开发配套资金对比　　单位：万元

年份	河南省		广东省	
	农业综合开发资金投入中地方财政配套资金	农业综合开发资金投入中中央财政资金	农业综合开发资金投入中地方财政配套资金	农业综合开发资金投入中中央财政资金
2006	40778.7	45465.1	22922.2	27469.0
2007	38898.6	59015.5	23340.0	24631.0
2008	40204.4	53184.0	24080.5	23531.0
2009	40059.4	83482.0	26467.8	30299.0
2010	46068.0	99677.5	32975.3	35364.0
2011	48499.8	122542.9	39007.1	42080.0
2012	66166.0	167918.0	46808.6	53649.0
2013	78239.1	200053.0	48695.6	57628.0

数据来源：《中国财政年鉴》。

表 4-12　河南省与广东省累计农业综合开发资金投入　　单位：万元

	河南省		广东省	
	中央财政资金	地方财政配套资金	中央财政资金	地方财政配套资金
1988—2013 年	1213766.7	732947.6	406332.0	399532.2

数据来源：《中国财政年鉴》。

4.6　本章小结

本章从机会成本的角度出发，以河南省和广东省作为粮食产销区的代表省份，详细论述了粮食主产区由于承担过多粮食安全责任带来的利益流失以及由此带来的经济发展受限，粮食主销区由于卸下粮食安全重任而获得利益，为今后共担粮食安全责任、构建粮食主销区对主产区的转移支付机制提供论证支持。

粮食主产区的利益流失，根据其发生途径细分为两部分：第一部分是潜在利益的流失，这部分主要是由于耕地无法充分转移用途而导致的潜在收益损失，可以通过土地的机会成本加以衡量，由于土地的使用途径不同，使用效率各异，因此单位土地面积上的产值也有所差异。当土地用于耕地时，河南省相对广东省来说，不断扩大的用于粮食种植耕地面积甚至对收益相对较高的经济作物产生挤出，从而产生土地无法用于收益更高的农作物种植的机会成本；当土地用于地产开发与使用时，从土地开发时的土地出让金与耕地占用税收益，地产建造、租售以及使用环节，均可以源源不断地带来税收收入与非税收收入，而无法用于开发、只能种粮的土地就产生了更大的机会成本。第二部分是直接的利益流失，包括粮食主产区为保障粮食生产而进行配套的各类资金，如农业综合开发资金、2011 年之前的粮食风险基金配套资金等。

值得强调的是，通过对河南省与广东省土地使用途径的机会成本进行对比与分析，我们也可以清晰地看到，广东省相对河南省来说，在土地非农化使用方面能够获利更多，具有比较优势，因此，粮食产销区的分工策略是值得肯定的。今后在制定粮食产销区利益补偿机制时，也应该充分考虑到这一点。

综上所述，粮食主产区承担的粮食安全责任繁重，由此导致了利益流失，粮食主销区卸去了大部分的粮食安全重担，得以全力发展经济，但是并没有为此支付任何成本。粮食产销区的利益与责任划分不公平。

第5章

利益损失分析与补偿额度测算——政府层面

5.1 模型选择

诸多学者对粮食主产区存在利益损失的说法持肯定态度，但是主产区损失的确切数值一直没有统一的意见。对粮食主产区的利益损失状况与应补偿额度的测算，一方面能够直接证明主产区利益受损状况的存在，为利益补贴提供依据，另一方面也能为主产区具体补偿标准的确立提供依据，具有十分重要的意义。如果能明确主产区所在省份由于其主产区身份而导致的财政损失或者 GDP 损失，再据此进行补贴，则既能弥补主产区损失，又不会对其他省份产生较大影响。已有的关于对粮食主产区利益损失测度的研究在第 1 章已经给出。

准确测度主产区政策对进入主产区的地区经济状况的影响并非易事，其中存在内生性等诸多问题。首先，政府在选择主产区时存在主观倾向，一个省份是否被划入主产区会受到诸多因素的影响，如该地区耕地面积保有量、粮食产量、三次产业发展水平等，因此，即使我们发现进入主产区的省份在经济发展方面落后于其他地区，也无法完全判定是由于主产区的原因所致。其次，一个地区的地区生产总值高低也受到诸多因素影响，这部分扰动因素也应予以排除。最后，区域本身存在某些不可观测的因素对经济发展产生影响，这部分因素也应予以排除。当排除上述三个部分的因素干扰后，所分离出的地区生产总值的影响，才是政策本身造成的。

想要分析纳入主产区行列这一政策对当地的经济影响，就要把上述三类影响因素剥离开来，倾向性评分倍差法无疑是非常合适的。倾向性评分匹配方法能够消除变量的内生性问题，排除可观察因素的干扰，倍差法则能够消除样本自身由于非可观察因素带来的波动，两者相结合，则可以较好地解决准确测度中存在的问题。

5.2 模型理论与构建

5.2.1 政策评估基本模型

首先定义一组变量：

i 指某一个体；t 为时间；D_{it} 为虚拟变量，代表个体 i 在 t 时期是否属于主产区，$D_{it}=1$，代表个体属于主产区，进入主产区的个体为控制组，$D_{it}=0$ 代表不属于主产区，未进入的为对照组；y_{it} 为因变量，代表个体 i 在 t 时期的因变量值，本章主要考察主产区政策对 GDP 的影响；y^0 代表 i 未进入主产区时的因变量值，y^1 代表 i 进入主产区时的因变量。根据 Heckman 等（1997）、Smith 等（2005）的研究结论，主产区的确立对地方经济影响的平均处理效应（Average Treated Effect on the Treated，ATT）表示如下：

$$ATT=E(Y^1_{i,t+s} \mid D_{it}=1)-E(Y^0_{i,t+s} \mid D_{it}=1) \tag{5-1}$$

其中，$E(Y^1_{i,t+s} \mid D_{it}=1)$ 表示控制组中个体在 t 时期选入主产区后，$t+s$ 时期的经济水平；$E(Y^0_{i,t+s} \mid D_{it}=1)$ 表示控制组中个体在 t 时期没有进入主产区的情况下，$t+s$ 时期的经济平均水平。显然，$E(Y^0_{i,t+s} \mid D_{it}=1)$ 的情况是不可观测的反事实，控制组中的个体事实上是进入主产区的个体，不可能存在未被选入的状况。因此，测量式（5-1）的关键就在于测量反事实的值。

5.2.2 倾向性评分匹配法

这种情况下，我们首先考虑应用对照组中 t 时期未进入主产区的个体在 $t+s$ 时期的均值，用 $E(Y_{j,t+s}^{0} \mid D_{it}=0)$ 来代替 $E(Y_{i,t+s}^{0} \mid D_{it}=1)$。但是，进入主产区的政府与未进入主产区的政府在均未进入主产区的状况下，经济指标未必一致，即 $E(Y_{j,t+s}^{0} \mid D_{it}=0)$ 与 $E(Y_{i,t+s}^{0} \mid D_{it}=1)$ 未必一致。这种替代能够达成的必要条件是，不存在同时影响个体是否进入主产区与个体经济状况的因素。因此，需要采用匹配的方法使 $E(Y_{j,t+s}^{0} \mid D_{it}=0)$ 与 $E(Y_{i,t+s}^{0} \mid D_{it}=1)$ 相等，即：

$$E(Y_{i,t+s}^{0} \mid D_{it}=1, X_{i,t})=E(Y_{j,t+s}^{0} \mid D_{it}=1, X_{i,t}) \qquad (5-2)$$

其中，$x_{i,t-1}$ 表示对个体是否进入主产区以及个体经济状况均有影响的协变量，当 $x_{i,t-1}$ 相同时，控制组与对照组的经济状况相同。式（5-2）在本章中表示：当控制变量 $x_{i,t-1}$ 时，控制组中个体在 t 期未进入主产区状况下的经济情况与对照组中未进入主产区状况下的经济情况相同。进一步解释是，当个体的经济指标均值相同时，个体是否进入主产区与自身经济状况无关，即个体是否进入主产区是一个随机事件，从而解决个体进入主产区的内生性问题。

由于 $x_{i,t-1}$ 内包含不止一个变量，匹配法的目的是使控制组与对照组中的个体在 $x_{i,t-1}$ 内包含的变量尽可能一致，而这一条件显然很难达到。为了解决这个问题，Rosenbaum 等（1985）提出倾向性评分匹配法（Propensity Score Matching，PSM），把 $x_{i,t-1}$ 内包含的所有变量通过一定方法转换成一个新的指标，即倾向性得分，简称 PS，根据转换而来的倾向性得分的相近程度来匹配控制组与对照组。

计算 PS 值的方法如下，首先，通过 Probit 模型计算个体是否被选入主产区的概率值：

$$P_{it}=\text{Probility}(D_{it}=1 \mid X_{it})=\psi(X_{it}) \qquad (5-3)$$

其次，获得倾向性分值后，按照不同的标准进行匹配。经过配对之后，影响控制组与对照组的协变量相似度增加，个体进入主产区的概率与个体的经济状况尽可能相似，这时，式（5-2）能够成立。

5.2.3 倍差法

通过倾向性得分匹配方法，使得在初期控制组与对照组中的个体进入主产区的概率以及自身经济发展状况尽量保持一致，消除了主产区与经济发展间的内生性问题。但是，个体内部仍然存在诸多不可观测因素，诸如领导人能力、风俗习惯等，同样能导致经济发展的差异性。想要去除个体主观差异对最终结果的影响，我们还需要引入倍差法（Difference in Difference，DID），便可以去除个体的固定效应——即不可观测因素带来的影响。

个体的不可观测因素可以用两个固定效应表示，第一个是自身固定效应，用α_{it}表示，第二个是时间固定效应，用β_{it}表示。ε_{it}表示残差项。个体的经济水平状况可以表示为：

$$y_{it}=\alpha_{it}+\beta_{it}t+\rho_1 D_{it}+\rho_2 tD+\rho_3 X_{it}+\varepsilon_{it} \tag{5-4}$$

其中，β_{it}是t的系数，它表示随着时间的推移，因变量y的变化情况。ρ_1是D的系数，控制自变量是否属于控制组。tD为本研究设置的一个交互项，它的系数ρ_2便是本研究所要研究的问题答案。

利用倍差法计算进入主产区与未进入主产区的地区经济发展状况，就是利用控制组在进入主产区前后的经济状况的变化，减去对照组在进入主产区前后的年份上的经济状况变化。即：

$$\Delta=E(Y_{i,t+s}^1-Y_i^1,\ t\mid D_{it}=1,\ X_{it})-E(Y_{i,t+s}^0-Y_i^0,\ t\mid D_{it}=0,\ X_{it}) \tag{5-5}$$

式（5-5）不仅通过倾向性评分匹配方法，控制了可观测因素，消除了内生性问题，同时利用倍差法消除了不可观测因素的影响，使得最终的估计结果较为准确。

5.3 变量选取与数据说明

5.3.1 变量选取

变量选择的目的是通过匹配，使匹配后的样本在是否进入主产区、是否存在可观测因素显著影响因变量两方面，均达到不显著。影响一个地区能否被选入粮食主产区的因素主要是当地的粮食产量，这一因素理应纳入考虑范围。再来讨论影响因变量 GDP 的因素，这方面的文献较多，根据以往文献研究以及数据的可获得性，选取了人口数量、全社会固定资产投资情况、二三产业比重情况作为控制变量。

综上，本研究参考已有的相关研究，确定了如下几个变量作为匹配变量：第一，粮食产量，用 *fp* 表示；第二，人口数，用 *pn* 表示；第三，全社会固定资产投资（名义变量），用 *fi* 表示；第四，第二产业占 GDP 的比重，用 *sa* 表示；第五，第三产业占 GDP 的比重，用 *ta* 表示。表 5-1 给出本研究要运用到的所有变量。

表 5-1 全部变量

变量名称	变量意义	数据类型
y	GDP 值（亿元）	数字，名义变量
t	时间变量。$t=0$ 表示基期，$t=1$ 表示末期	虚拟变量
D	控制变量。$D=0$ 表示样本属于参照组，$D=1$ 表示样本属于控制组	虚拟变量
tD	交互项。t 与 D 的乘积	虚拟变量
fp	粮食产量（吨）	数字
pn	人口数（万人）	数字
fi	全社会固定资产投资（万元）	数字，名义变量
sa	第二产业占 GDP 的比重	百分数
ta	第三产业占 GDP 的比重	百分数

5.3.2 数据说明

我国于 2003 年 12 月正式确立了包括河南省在内的 13 个省份作为粮食主产区，2003 年粮食主产区经济未受到该政策影响，真正的影响是从 2004 年开始显现。因此，本研究使用 2003 年数据作为基期数据。考虑到数据的可获得性，本研究采用 2014 年数据作为现期数据。

数据中的样本以各个市为单位，控制组包含河南省下属 17 个市。

本研究考察的政策是主产区的划立，那么对照组应选取非粮食主产区内的省市，因此本研究选取山西、陕西、贵州、广西、江苏、浙江、广东、福建7个省份下属部分共计77个市的样本。接下来在进行倾向性评分匹配时，应从上述对照组中进行匹配，以选出合适的参照地市。

表5-2　2003年样本描述性统计

变量	全样本		控制组		对照组		控制组与对照组 t 检验
	均值	标准差	均值	标准差	均值	标准差	
y	513.6581	50.18546	406.3734	56.66547	537.3443	59.76883	1.0045
fp	1299431	87731.96	2136806	257097	1114556	77065.16	-5.0386
pn	420.1663	22.66065	568.8135	67.01021	387.3481	21.90951	-3.2353
fi	2049518	244766.2	1310571	250855.6	2212662	290922.4	1.4264*
sa	0.4777979	0.0096869	0.5124294	0.0160672	0.4701519	0.0111322	-1.6967
ta	0.374533	0.006984	0.3067294	0.0125668	0.3895026	0.0070157	5.1497***

注：*和***分别表示在10%和1%水平上显著。

数据来源：《河南统计年鉴》（2004年）。

由表5-2不难发现，本研究所要讨论的因变量——GDP的均值在控制组与对照组中差距不显著。选择的5个匹配变量中，有两个匹配变量的均值在控制组与对照组差异显著，因此接下来的模型估计将从样本匹配着手。

5.4　估计结果与分析

5.4.1　倾向性评分匹配

倾向性评分匹配方法必须满足两个条件，才能保证方法的使用正确：第一，控制组与对照组必然存在重叠区域，即控制组能够找到与其对应的对照组样本，否则，倾向性评分匹配法将不能继续。通过匹配后，对照组中样本分布覆盖了大部分领域，能够做到与控制组的匹配。第二，也是最重要的一点，匹配结束后，各个变量要满足匹配平衡性检验。我们都知道，在进行指标匹配之前，控制组与对照组存在显著性差异，这是正常的，存在差异是选择性偏误存在的根源，也是内生性产生的所在。若是匹配之前，各个匹配指标间不存在差异，那么就可以认为样本具有随机性，就不需要用 PSM 了，也就不存在倾向性评分匹配的必要，可以直接利用倍差方法。

本研究采用的匹配方法是最邻近匹配法（Nearest Neighbor Matching within Caliper），这种匹配方法能够为控制组中样本找到一个最合适的参照样本，操作起来也简便易行，因此本研究采用此种匹配方法。可以从两个角度来判断匹配后的平衡性检验是否通过。第一种方法，根据 Rosenbaum 和 Rubin（1985）的研究结论，经过匹配后的变量标准偏差百分数的绝对值不应该超过 20，否则即可认为是匹配效果不好，倾向性评分匹配法的匹配结果存在问题，匹配失败。第二种方法，查看匹配后控制组与对照组的匹配变量差异性，匹配后匹配指标通常应该不存在显著性差异，若是还有问题，可以通过扩大数据量、改变匹配方法、替换差异显著变量等方法解决。匹配后的平衡性检验结果见表 5-3。

表 5-3　匹配平衡性检验

变量	未匹配 *U*	均值		标准偏差%	标准偏差减少%	t 检验	
	匹配后 *M*	控制组	对照组			*t*	*P*>| *t* |
fp	*U*	2900000. 000	1300000. 000	105. 8		7. 10***	0. 000
	M	2000000. 000	1800000. 000	8. 7	91. 7	0. 42	0. 673
pn	*U*	603. 170	415. 320	75. 4		4. 56***	0. 000
	M	469. 870	475. 690	−2. 3	96. 9	−0. 10	0. 924
fi	*U*	9700000. 000	9800000. 000	−0. 5		−0. 03	0. 978
	M	9500000. 000	9000000. 000	4. 4	−717. 0	0. 17	0. 862
Sa	*U*	0. 521	3. 092	−34. 0		−1. 40***	0. 000
	M	0. 551	0. 560	−0. 1	99. 7	−0. 42	0. 679
ta	*U*	0. 322	2. 874	−35. 7		−1. 47	0. 144
	M	0. 325	0. 326	0. 0	100	−0. 07	0. 947

注：***表示在 1%水平上显著。

从表 5-3 中可以看出，匹配之前，控制组与对照组间样本偏差整体较大，匹配之后五个变量的组间标准偏差百分比分别为 8. 7，-2. 3，4. 4，-0. 1，-0. 0，绝对值均小于 20，而匹配前除 *fi* 变量外，其余四个变量的标准偏差百分数绝对值均在 34 以上，可见匹配效果良好。匹配后的偏差情况如图 5-1所示，在匹配后变量的标准偏差显著减小。再看均值 t 检验，显然，五个变量在匹配之后，显著性差异的 t 检验不通过，意味着变量在匹配后不再存在显著差异。综上所述，倾向性评分匹配方法通过了平衡性检验，匹配方法与变量的选择合理，对主产区 GDP 的外在影响因素可以排除，内生性问题得以解决。

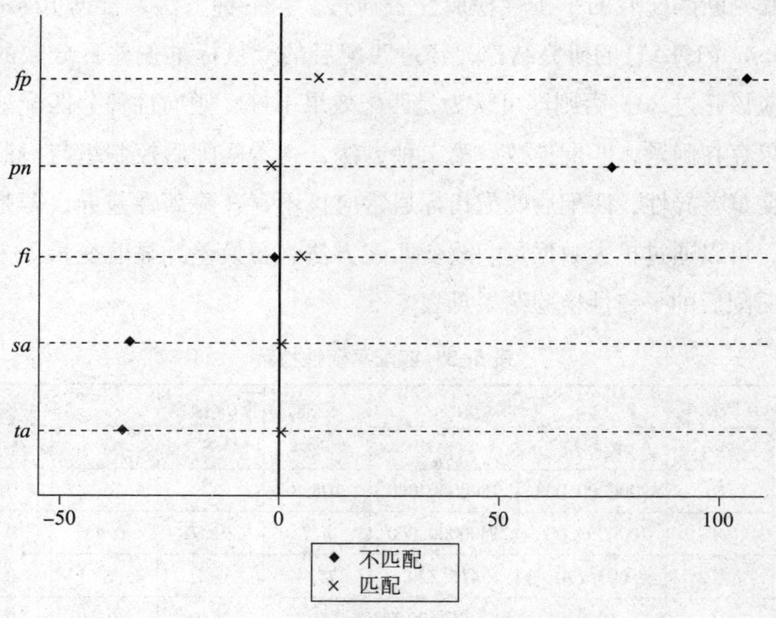

图 5-1　匹配前后变量的标准偏差分布

5.4.2　倍差法估计

表 5-4 为经过倾向性评分匹配后的倍差法回归结果。变量 *t* 对因变量 *y*（即因变量 GDP 的值取对数后再参与模型计算）的影响在本研究中并不显著，说明单从时间上看，控制组与对照组 GDP 的增长没有显著差异。D 也不显著，单独考虑一个地区是否进入主产区，对控制组与对照组中 GDP 的影响差异是不显著的。*tD* 为本研究设立的交互项，也是本研究测算的关键，*tD* 的值代表着控制组样本在选入主产区与未选入主产区时现期（2014 年）*y* 的

差分值，*tD* 值为负，表示控制组样本被纳入主产区这一政策对自身的 GDP 产生了负影响，再一次印证第 4 章中的观点，主产区存在利益的损失，对主产区进行补偿是有必要的。除了 *tD* 的系数为负，*fp* 的系数也为负，意味着粮食产量与 GDP 也成反比，粮食产量的增加将导致 GDP 的下降，同样，对 *tD* 系数值为负，第 4 章内容加以印证。人口数量与 GDP 成正比，因为每个人都能创造一定的 GDP，人数越多，GDP 总量越大。固定资产投资与 GDP 成正比，这个很好理解，按照支出法计算 GDP，GDP 为消费、投资、政府开支与净出口的和，两者通过公式即可看出正比关系。第二产业占 GDP 比重、第三产业占 GDP 比重两个变量均表现为不显著，造成这种现象可能与我们选取的 2003—2014 年的数据有关，这一时期我国整体处于工业化与城镇化飞速发展阶段，工业化阶段由初期向中后期阶段发展，此时第二产业仍然是经济发展的主要支撑部分，随着我国大部分地区进入工业化中后期阶段，第三产业产值不断增加，占 GDP 比重不断增加，必然会开始挤压第二产业占 GDP 的比重，*sa*、*ta* 与 GDP 的关系会根据不同样本的工业化发展阶段呈不同的比例关系，因而总体表现不显著。

表 5-4 倍差法回归结果

ly	系数	标准误	*t*	*P*>| *t* |
t	-69.39384	143.257	-0.48	0.629
D	76.40856	194.4434	0.39	0.695
tD	-567.3809**	276.7713	-2.05	0.042
fp	-0.0002527***	0.0000571	-4.43	0.000
pn	1.615611***	0.3657211	4.42	0.000
fi	0.000144***	6.65e-06	21.65	0.000
sa	0.2130772	17.10939	0.01	0.990
ta	10.38435	18.20077	0.57	0.569
_ cons	-182.0083	147.8155	-1.23	0.220

注：**表示 5%水平上显著，***表示 1%水平上显著。

5.5 利益损失额度分析

通过倾向性评分匹配方法，河南省各市是否进入主产区对当地经济的影响大小，可由时间 t 与政策虚拟变量 D 的交互项得出，即 tD 项的倍差法回归系数，$\rho2=-567.3809$。由式（5-5）可知：

$$\Delta=\rho2, \tag{5-6}$$

再考虑进式（5-1），经过 PSM 方法之后，则：

$$ATT=\Delta, \tag{5-7}$$

因此有：

$$ATT=\rho2 \tag{5-8}$$

结合本研究模型中的因变量，ATT 在本研究中表示为：

$$ATT=E(y \mid t=1,\ D=1)-E(y \mid t=1,\ D=0), \tag{5-9}$$

其中，$E(y \mid t=1,\ D=1)$表示控制组在 2003 年进入主产区后，2014 年各市的 GDP 均值，也就是我们现在能查到的 GDP 值，它是真实存在的。$E(y \mid t=1,\ D=0)$表示若是控制组在 2003 年未选入主产区，那么 2014 年各市 GDP 的均值，当然这个值是现实中不存在的。两者的差值为负，即为主产区发展粮食生产损失的利益部分。通过《河南统计年鉴》的数据计算得出：

$E(y \mid t=1,\ D=1)=2073.00$ 亿元

由式（5-9）变换可得：

$$E(y \mid t=1,\ D=0)=E(y \mid t=1,\ D=1)-ATT \tag{5-10}$$

计算得出，$E(y \mid t=1,\ D=0)$的值为 2640.38 亿元，河南省若是没有加入主产区行列，那么 2014 年各市平均 GDP 值将达到 2640.38 亿元。

河南省 2014 年的市均 GDP 值因为承担主产区任务造成的损失为 567.38 亿元，实际 GDP 仅为应得 GDP 的 78.51%。2014 年，河南省 GDP 总值为 35241.05 亿元，按照实际 GDP 与应得 GDP 比例推算河南省的 GDP 损失情况，计算得出的结果为 9645.46 亿元，河南省 2014 年由于承担主产区的责任而损失的 GDP 量为 9645.46 亿元。

5.6 利益补偿额度测算

一个省份的地方生产总值高低关系到本省的方方面面，概括而言，可以认为有两方面的影响：第一，GDP 的高低与省内的财政收入水平、税收水平基本呈正向线性相关，也就是说，财政收入水平的高低与地方生产总值息息相关，这方面的影响可以概括为政府层面的影响；第二，GDP 增加伴随而来的是就业人员的增多、就业机会的增加以及人们整体收入水平的提高，因此，这部分的影响可以认为是对个体层面的影响，既包括城镇人员也有农村居民。由于影响个人就业与收入的因素较多，因此本章重点从政府补偿的角度进行研究，当地政府进行较为充分的补偿后，政府可以采取各种措施一定程度上反哺当地人民。

2014 年，河南省地方财政公共预算收入为 2739. 26 亿元，其中税收收入约占 71. 24%。可以进行一个简单的计算，2014 年河南省财政收入与 GDP 值之比为 7. 77%，可以把这一数值作为 GDP 对财政收入的转化率。按照此转化率计算，河南省 2014 年损失的财政收入为 749. 45 亿元，这部分即是要补偿的部分。因此，以 2014 年为例，本年度对河南省发展粮食而给予的补偿资金应该为 749. 45 亿元。

当然，在实际对主产区进行利益补偿时，除了要考虑主产区的损失额度、应补额度之外，还应该考虑中央政府的支付能力等其他因素。本章中所测算出的数值能够作为中央政府制定补偿政策时的有力依据，但并不意味着必须要按照这一数值进行补偿才能达到充分补偿的目的。

5.7 本章小结

本研究运用 2003 年与 2014 年数据，实证分析了河南省进入主产区这一政策对自身 GDP 的影响。由于影响 GDP 的因素很多，为了消除这些变量影响，单独考虑主产区政策对 GDP 的影响，本研究采用了倾向性评分匹配倍差方法进行模型分析。先用倾向性评分匹配方法，使选出的对照组样本在选入的主产区概率、其他影响 GDP 因素方面不存在显著差异，消除内生性影响；再利用倍差方法，消除样本的某些不可观测因素导致的 GDP 变化趋势，便能得到政策本身对 GDP 的影响幅度，具体结论如下：

（1）河南省存在利益受损状况。进入国家主产区行列，的确对自身的经济带来一定的负向影响。河南省 2014 年的市均 GDP 值因为承担主产区任务造成的损失为 567.38 亿元，实际 GDP 仅为应得 GDP 的 78.51%。按照实际 GDP 与应得 GDP 比例推算河南省的 GDP 损失情况，计算得出河南省 2014 年由于承担主产区的责任而损失的地区生产总值为 9645.46 亿元。

（2）以 2014 年为例，本年对河南省发展粮食而给予的补偿资金应该为 749.45 亿元。河南省 GDP 转化为当地财政收入的转化率约为 7.77%。按照此转化率计算，河南省 2014 年损失的财政收入为 749.45 亿元，这部分即是要补偿的部分。在实际制定补偿政策时，可以据此作为一个有力参考，但是由于实际影响补偿额度确立的因素不只是主产区的利益流失，因而补偿额度不一定要完全依照该数据进行制定。

（3）粮食产量 *fp* 对控制组与对照组的 GDP 影响负向显著。这表示，对比对照组中样本而言，粮食产量的提高对河南省 GDP 的影响显著为负，再一次印证第 4 章中关于粮食主产区利益受损、利益补偿存在必要性的观点。

国家划定 13 个省作为粮食主产区域，通过对河南省的模型分析，可知这项政策对当地经济发展带来一定的影响。不可否认，粮食主产区的划分为保障我国粮食安全做出了巨大贡献，在发挥该政策效果的同时，我们也应该尽量减小由此带来的负面效应，综上所述，对粮食主产区的利益补偿显得十分必要。

未来，应该根据粮食主产区各个区域的实际损失值确定各自的补偿额度，据此进行利益补偿，以期弥补主产区损失、保障主产区发展粮食生产的积极性，使粮食主产区政策发挥最大的作用。

第6章

利益补偿依据——农户层面

本研究在第4章、第5章中已经讨论过粮食主产区政府层面的利益补偿。接下来，我们把视角从宏观层面转向微观，研究粮食主产区农户层面的利益补偿。农户是粮食的直接生产者，农民对保障粮食安全的重要性不言而喻。粮食主产区的确立，目标即在于保障主产区内的粮食产量，那么身为粮食生产直接参与者的农民，是否由于这项政策而间接获利了呢？答案是否定的。不仅如此，近几年来，全国范围内的农户种粮积极性下降、土地荒废等报道层出不穷，粮食安全最基层的保障者开始动摇，如此发展下去，粮食安全必将受到威胁，甚至影响经济的发展。对农户的利益补偿是十分必要的，不仅是因为农民的收入低下，也为农民所担负的重要战略意义。

本章以河南省的数据为例，对农民收入、生活方面的利益受损情况，以及农户种粮积极性的状况进行分析，为主产区农户获得利益补偿提供依据。

6.1 农户收入受损

农民的收入主要包括四个部分，工资性收入、家庭经营性收入、财产性收入、转移性收入。后两者占总收入的比重较小，以2013年全国数据来说，仅有 12. 11%，因此工资性收入与家庭经营性收入是农村居民的主要收入来源。工资性收入主要是指农民外出务工收入，家庭经营性收入中，种植业收入占据半数以上。

6. 1. 1　工资性收入损失分析——就业岗位减少

由前文可知，农户工资性收入从 2013 年开始超过家庭经营性收入，成为总收入最大的来源。反观河南省，作为农业大省，河南省农村居民人均总收入一直低于全国平均水平，单独讨论工资性收入，也低于全国平均水平。工资性收入的高低主要依赖两个因素：第一，农民是否能够获得（有意愿）工作机会；第二，工资水平高低。这里主要讨论第一个因素。农民在选择外出务工地点时，会综合考虑很多因素，诸如收入水平、务工处消费水平、离家距离、心理因素等，当就近可以获得较好的务工岗位时，会吸引更多的农业人员加入打工行列。

表 6-1　河南省农民工外出务工地点分布

年份	2010	2011	2012	2013	2014
1. 本省	38. 9	42. 0	43. 0	51. 4	51. 3
（1）乡外县内	49. 5	39. 3	39. 9	43. 7	42. 2
（2）县外省内	50. 5	60. 7	60. 1	56. 3	57. 8
2. 省外	61. 1	58. 0	57. 0	48. 6	48. 7

数据来源：《河南调查年鉴》(2015 年)。

表 6-1 给出了河南省农民外出务工地点的选择情况。从河南省农民外出务工的地点选择上可以看出，河南省农民倾向于离家较远的地方务工，2010—2014 年，省内务工人数占总务工人数的比例逐年攀升，乡外县内的务工人数也是如此。一个农民在务农与外出务工之间进行选择，除了收入水平的影响，与家庭所在地的距离也是主要的考虑因素之一（丛胜美，2015）。因此，我们可以认为，外出务工的积极性与务工地点距家的距离成反比。

在第 5 章中，通过实证分析，河南省由于发展粮食生产损失了千亿以上的 GDP 产值，这些 GDP 可以看成是无数的就业机会与收入，其中也包含大量农民工就业机会。因此，我们可以认为，河南省由于发展粮食生产导致 GDP 减少，随之而来的是农民工可获得的就近工作岗位减少，部分农民在赴外省打工与留家务农之间选择了后者，总务工人数减少，导致河南省农民人均工资性收入降低，农民工资性收入受损。

6.1.2 种植业收入受损分析——耕地用途受限

种植业收入是家庭经营性收入主要的来源之一。2013 年河南省农民人均家庭经营性纯收入为 4285.4 元，其中农业纯收入为 2696.5 元，种植业收入可以通过农业纯收入加以衡量。河南作为农业大省，大力发展粮食生产势必会提高种植业的基础设施，对粮作农户收入提高带来积极影响，农户粮作收入本身并未受损，遭受损失的部分在于种植业的机会成本。

随着国家基本农田和基本粮田的划定，耕地以及部分耕地的用途也随之确立。当土地适宜种植某些经济作物而限于基本粮田划定无法种植时，种植业收入损失便出现了。以河南省漯河市临颍县为例，当地水资源比较丰富，适宜辣椒生长，因而大量农户种植辣椒，每亩净收益在 3000 元以上，随着当地基本农田划定工作的推进，越来越多用于种植辣椒的土地将转而种植粮食作物，种植业的收入损失便出现了。

6.1.3 粮食生产的劳动回报率低

2015 年的《全国农产品成本资料汇编》中数据显示，按照一个标准工作日折算的农民劳动报酬为 74.4 元/天，远低于务工收入水平。造成这种现象的原因是多方面的：首先，粮食历年的销售价格涨幅较小，2014 年至 2016 年公布的小麦最低收购价格一直保持在 2.36 元/千克，而每亩土地上的生产资料投资成本却不断上涨，工业挤占农业利润的现象仍然存在。其次，当前大部分的农户土地耕作规模较小，依据 2015 年在河南省部分县市调查显示，土地耕作量（包括流转土地）在 5 亩及以下的农户占到总样本的 61.6%，小规模经营也就意味着土地经营规模远未达到规模经济，生产效率比较低下，固定土地数量耕作所需劳动时间长，因而单位时间劳动回报低。

6.2 农民种粮积极性不高——务工机会成本

农户的粮作行为，本质上是农民对于自己从事的劳动行业的一种选择。存在选择，就意味着不只有粮作行为一种劳动方式，外出务工便是替代劳动之一。当农民能够较容易获得外出务工机会时（暂不考虑上文中工作岗位减少的状况），便拥有了对劳动类型的选择权。当前农业标准化的工资率要低于外出务工的平均收益，从收入角度考虑，农户种粮积极性不高。

6.2.1 务农人数减少

从表 6-2 中可以看出，2010—2014 年，河南省务农人员所占比例逐年降低，从 51.2%降至 40.1%。相反，本地非农自营人员与本地非农务工人员的比例不断上升。外出从业人员比例较高，呈小幅波动态势。

务农人员比例的减少通常有两种可能性：一是单位土地上需要的劳动人数减少；二是农民自发减少。对应到实际情况中，一方面可以归因于农村劳动生产力的提高，另一方面便是农民种粮积极性的不断下降。

表 6-2 河南省农民年末就业情况 单位：%

年份	2010	2011	2012	2013	2014
本地务农	51.2	51.4	48.1	40.8	40.1
本地非农自营	5.6	5.6	5.6	6.6	6.9
本地非农务工	8.9	10.0	11.5	18.2	18.5
外出从业	28.2	26.9	28.2	26.5	26.3
未从业及其他	6.1	6.1	6.6	7.9	8.2

数据来源：《河南调查年鉴》（2015 年）。

6.2.2 扩大耕作面积意愿不强

为实际判断河南省农民种粮积极性，笔者选择平顶山市、周口市、南阳市、漯河市、商丘市、许昌市、驻马店市七个市中的部分县、村开展问卷调研工作。2015 年 5 月，在漯河市三家店村进行了问卷预调研，根据调研情况调整部分问卷内容，讨论并分析了调研中可能出现的问题。2012 年 6 月进入正式调研，当月月底结束。考虑到 6 月是小麦收割季，农村家中人员通常会尽量在家帮忙，不会出现被调查人员多为留守老人、兼业农民缺失等样本本身有偏的情况，最大限度地还原粮作农民的真实情况。不同的地区村庄规模不同，因此发放的样本数量也不相同，通常情况下每村按 25 份进行发放，个别村庄可视其人口上下浮动。本次问卷共计回收问卷 2008 份，其中有效问卷 1803 份。由于本次调研对象数量较多，因此在后期样本筛选过程中，剔除了大量的数据不完整样本，所保留下的样本，信息完整率都较高，以便最大限度地还原真实情况。有效样本农户的基本信息见表 6-3。

表 6-3 样本农户基本信息

	平顶山	周口市	南阳市	漯河市	商丘市	许昌市	驻马店	总计
有效样本数（份）	767	81	240	170	150	93	302	1803
调研村庄数（个）	59	4	11	9	13	6	19	121
调研县个数（个）	7	2	3	2	3	1	5	23

在有效样本中，男性为 1563 人，占总人数的 86. 7%，女性为 240 人，占总人数的 13. 3%；绝大多数为一般群众，占到总人数的 95. 8%，非群众身份只有 75 人，占总人数的 4. 2%；受教育方面，文盲率为 2. 6%，受过小学教育的占 17. 1%，拥有初中学历的占 60. 4%，拥有高中学历的占 18. 2%，大专及以上学历的占 1. 7%。

表 6-4 实际拥有与期望拥有一定土地数量的农户户数对比 单位：户

	0 亩	0<亩≤1	1<亩≤3	3<亩≤5	5<亩≤10	10<亩≤20	20<亩≤50	50<亩≤100	<100 亩
实际拥有土地数量的户数	11	34	423	600	546	71	30	10	8
期望拥有土地数量的户数	14	46	219	423	722	180	91	34	15

续表

	0 亩	0<亩≤1	1<亩≤3	3<亩≤5	5<亩≤10	10<亩≤20	20<亩≤50	50<亩≤100	<100 亩
期望增加土地的户数	4	21	228	287	202	23	10	6	5
期望土地不变的户数	4	11	173	274	302	37	19	3	0
期望土地减少的户数	0	2	15	34	35	8	1	1	1

由表6-4可知，目前61.6%的农户家庭实际拥有土地亩数不足5亩，这部分土地数量占调查土地总量的22.4%；93.1%的家庭实际拥有土地亩数不超过10亩，这部分土地数量占总调查土地量的45.5%。由此可见，河南省大部分家庭拥有土地数量都很少，土地十分分散。

对“农民期望土地拥有量的变化情况”进行调查，46.1%的农户期望自家土地拥有量增加，48.3%的农户对自己目前土地拥有量表示满意，仅有不到5.7%的农户希望土地量继续减少。如果把期望增加土地数量的农户认定是具有种粮积极性的农户，那么当前仅有不到一半的农户对种粮持有积极态度。从不同土地拥有量的农户期望土地变化趋向来看，土地拥有量在0~3亩的农户57.4%有增加土地的意愿；土地数量在3~5亩的农户，增加意愿与减少意愿基本持平；土地拥有量在5~50亩的农户中，具有减少土地量意愿的农户占60.4%。通过上述数据，我们发现，大量农户倾向于把自家土地数量调整到3~10亩的区间水平，土地的个人期望倾向于往这个区间聚拢。

对“农民拥有土地数量的期望值”进行调查，总体来看，仅有42.2%的农户希望家庭拥有土地亩数低于5亩。家庭期望土地拥有数量在0亩、0~1亩这两个区间的户数并没有显著变化，土地亩数不超过1亩的农户保留为数不多的土地主要是满足家庭需要，不再用于盈利。期望拥有土地数量在1~3亩、3~5亩这两个区间的户数相比实际土地拥有这些土地量的户数有明显降低，实际拥有土地数量在 1~5 亩的农户约占总户数的 59%，而期望拥有相应土地数量的农户降至 38.6%。土地数量大于 5 亩的区间，期望拥有相应土地数量的农户均多于实际拥有该土地数量的农户的值。实际拥有土地数量大于 5 亩的农户只有 38.4%，而期望拥有土地数量大于 5 亩的户数为 62.6%。其中期望拥有土地数量在 5~10 亩的区间人数最多，约占总人数的 43.4%。

目前，河南省的粮食生产整体还处于小户经营状态，效率不高，若把大于 20 亩的粮食种植规模确定为规模效应种植面积，那么河南省能够达到规模种植的农户仅有 2.8%。46.1%的农户有增加土地拥有量的意愿，说明当地种粮积极性不高。从农民对土地数量变化的期望方向来看，土地有向 5~10 亩区间集中的倾向，距规模经营还有很大差距，不利于粮食生产效率的提高。

如果依据农民期望粮食种植亩数的变化来确定农民种粮积极性，种粮积极性可以划分为三部分，增加种植面积的一类，即种粮积极性高的农民；保持种植面积不变的视为种粮积极性一般；减少种植面积的农民视为种粮积极性差。在所调查的样本中，有 845 个样本农户希望增加种植面积，有 860 个样本农户期望保持土地数量不变，仅有 98 户样本希望减少土地数量。种粮积极性较高的农户群体占 46.87%。

6.3　种粮积极性影响因素分析——基于农户需求角度

中国要确保粮食安全，长期取决于粮食综合生产能力，而短期来看要依赖农民种粮的积极性，因此保护农民种粮的积极性具有重要意义。种粮农户是粮食生产的第一线参与者，了解农户种粮行为的基本特征才能找到持续调动种粮积极性的办法。尽管国家出台了一系列扶持农业生产的政策措施，取得了很大的效果，但是仍不足以确保粮食安全，就微观层面上而言，农户兼业化现象与日俱增，土地撂荒、弃种层出不穷，农民种粮积极性不高已成为威胁国家粮食安全的隐患。为此，研究农民种粮积极性的影响因素显得十分迫切（袁宁，2013）。

6.3.1 理论思考

已有的对农户种粮积极性影响因素研究已经在第 1 章的参考文献中给出。总体来说，已有的文献具有如下特点：①从一个或几个特定角度出发，研究某一类或几类因素对农户种粮积极性的影响，缺乏整体层面的把握。②现有的研究是在农户“理性人”“经济人”的基础上展开的，强调客观因素的影响，而忽视了农民主观层面的认识。综上所述，我们可以设想除了已知因素外，还存在影响农民种粮积极性的主观因素。

刘海生（2003）认为，作为一名“经济人”，是依赖成本收益原则来进行“理性”选择的，而“有限理性人”在决策中采用“满意原则”或“次优原则”。把经济理论中的“经济人”与“有限理性人”概念引入农户层面，就是围绕农民是否理性的经典争论，“理性小农”与“道义小农”。“理性小农”是一群具有经济理性的经济人，农户是追求利润最大化的投资者（舒尔茨，1964）。从理性小农角度出发，影响农民种粮积极性的因素会归因于种粮收入、补贴、替代收入等经济因素。而“道义小农”不同，他们进行生产的主要目的不是追求利润最大化，而是满足家庭消费，这是道义小农生产的基本原则，因此，当衡量他们的生产选择时，不能依据利润最大化原则，而应该依据效用最大化原则。波兰尼（2007）认为经济行为根植于社会关系，而非仅仅取决于市场和追求利润的动机。陈艳红（2014）认为影响农户行为的因素有很多，包括农户个体因素、经济因素和社会因素等多方面，并利用黑龙江省的数据加以证实。综上所述，我们有理由认为，农户在做种粮决策时，除了经济类的相关影响因素，还应包含影响个人与家庭效用的主观因素。

本着从客观与主观两个层面分析农民种粮积极性的想法，本研究从生存、劳动条件、被尊重、社会属性和个人价值实现五个需求维度（丛胜美，2016）出发，对影响农户种粮积极性的因素进行全面考察，这五个维度的指标统一于体面劳动指标体系之下。

6.3.2 模型构建

本研究依据上文农民期望粮食种植亩数的变化来确定农民种粮积极性。农户种粮积极性是离散型变量而非连续型变量。文中所用数据来自不同的县市，为了衡量当地经济对农户种粮行为有无影响，我们引入“农户所在县是否属于贫困县”这一自变量，考虑到地区属性数据可能存在嵌套问题，本研究把它单独作为层二变量。综上所述，本研究选择利用多层多项 Logit 模型估计农民种粮积极性影响因素。

两层的 M 分类因变量模型如下：

$$\eta_{mij}=\log\left(\frac{\varphi_{mij}}{\varphi_{Mij}}\right)=\beta_{0j(m)}+\sum_{q=1}^{Q_m}\beta_{qj(m)}X_{qij} \tag{6-1}$$

$$\beta_{0j(m)}=\gamma_{00(m)}+\sum_{s=1}^{S_q}\gamma_{0s(m)}W_{sj}+\mu_{0j(m)} \tag{6-2}$$

$$\beta_{qj(m)}=\gamma_{q0(m)}+\sum_{s=1}^{S_q}\gamma_{qs(m)}W_{sj}+\mu_{qj(m)} \tag{6-3}$$

其中，$m=1$，2；$q=1$，…，14；$s=1$，2。φ_{mij}为因变量取值为 m 时的概率，且有 $\sum_{m=1}^{M}\varphi_{mij}=1$。$\eta_{mij}$为模型中层 1 的因变量，表示第 j 个单位、第 i 个样本，第 m 类因变量与参照类因变量的对数概率发生比；M 表示种粮积极性差的农户群体，在此处被作为参照系，$M=3$。X_{qij}表示第 q 个自变量。

$\beta_{0j(m)}$是层 1 方程的截距，表示第 j 个单位所有样本的第 m 类因变量与参照类因变量的对数概率发生比的平均值。$\gamma_{00(m)}$和 $\gamma_{0s(m)}$分别是层 1 截距的均值和斜率，是 $\beta_{0j(m)}$的固定成分，$\mu_{0j(m)}$为随机误差。

$\beta_{qj(m)}$是层 1 的斜率，表示层 1 第 q 个解释变量对第 m 类因变量与参照类因变量的对数概率发生比的解释力度。$\gamma_{q0(m)}$和 $\gamma_{qs(m)}$分别是层 1 斜率的均值和斜率，是 $\beta_{qj(m)}$的固定成分，$\mu_{qj(m)}$为随机误差。

W_{sj}是层 2 的解释变量，表示第 i 个单位的第 S 个解释变量，其在层 2 的截距和斜率方程中可以相同也可以不同。

本研究中，农户的种粮积极性类型有三种，分别是高、一般和差，因此 m 有 3 个取值，分别为种粮积极性高为 1，种粮积极性一般为 2，种粮积极性差为3。鉴于参照类变量意义明确且样本数适宜，选取 $m=3$ 为参照类，则层1方程共有两个。层1自变量个数 Q_m 取值为27。农民所属市作为第二层次解释变量，S_q 取值为2。

6.3.3 变量选取——体面劳动指标体系构建

（1）体面劳动指标体系的构建思考及研究现状。

“体面劳动”首先由国际劳工组织在第87届国际劳工大会上提出，其定义为“在自由、平等、安全和保障人格尊严的条件下，不论男女均能获得体面的、生产性的工作机会”，核心是工作中的权利、就业平等以及社会保障和社会对话（ILO，1999）。2008年，胡锦涛在“2008经济全球化与工会”国际论坛开幕式的致辞中指出，“让各国广大劳动者实现体面劳动，是以人为本的要求，是时代精神的体现，也是尊重和保障人权的重要内容”。2013年，习近平在全国劳动模范和先进工作者表彰大会上，再次提出，“要坚持社会公平正义，努力让劳动者实现体面劳动、全面发展”。作为一份职业、一类劳动，农民种植粮食的行为也是体面劳动的研究对象之一。李克强（2015）指出，在我们这样一个有13亿多人口的发展中大国，民以食为天，要坚持把保障国家粮食安全作为农业现代化的首要任务，确保谷物基本自给、口粮绝对安全。种粮农民作为人数巨大的一个劳动群体，他们的劳动行为密切关系国家粮食安全。尽管国家不断出台各类农业政策、农业补贴，以促进粮食生产、提高农民种粮积极性，农民弃种、外出打工等现象仍不断涌现，长此以往将严重威胁国家粮食安全。许多学者对影响农民种粮积极性的因素进行了研究，但是关于农民对于种粮行为本身的认知、态度等相关研究却很少。农民能够对自己是否从事某项工作进行权衡，弃种、打工只是一种正常的择业行为，明晰工作转换背后的原因才能做到有的放矢。“体面劳动”几乎囊括了收入、劳动积极性、个人发展、社会地位等人们关注的所有政策目标与各项战略任务，与我国现阶段完善社会保障、加强民生建设的工作高度契合。因此，研究种粮农民的体面劳动情况对于深入了解农民、改善其劳动状况具有重要意义。

从“体面劳动”概念的提出到现在仅有十几年时间，对体面劳动的研究整体还处于初级阶段。最早的研究集中在概念、内涵、理解等方面。代表性学者有联合国前资深经济学家 Richard Anker 和联合国社会发展研究部主任 Dharam Ghai 等。

进入 21 世纪之后，各国学者开始关注体面劳动的测量问题。Richard Anker 等（2002）研究了体面劳动的测量维度，并将体面劳动的测量指标分为 11 类和 63 个具体衡量指标体系；David Bescond 等（2003）提出“体面劳动赤字”，运用 7 个指标从反面对各个国家的体面劳动水平进行了测量；Standing（2002）、Florence Bonnet 等（2003）选取 7 个一级指标从宏观、中观和微观三个层面对体面劳动水平进行测量；Ghai（2003）从体面劳动四大目标出发，选取 11 个一级指标进行测算；James 等（2005）提出了利用工作环境指数来衡量体面劳动水平的想法，具体包括了三个方面：工作机会、工作质量以及工作场所公平；Thore 等（2009）使用数据包络分析法对国家层面体面劳动进行评价。近年来，国内学者就体面劳动测量指标也进行了许多研究。宋国学（2010）、申晓梅等（2010）从实现体面劳动的四项战略目标入手，提出相应的体面劳动测量维度。黄维德等（2014）提出以劳动保障、收入保障、工作保障、技能保障和代表权保障 5 个维度作为知识员工体面劳动结构维度，并开发了相应测量量表。陈静（2014）构建了 5 个维度，14 个基本指标和 51 个指标元素的城镇非正规就业群体体面劳动衡量指标体系。丁越兰等（2014）提取了就业环境、就业机会、收入、权利、劳动关系五个综合因子，并运用因子分析的相关结论对 31 个省份的体面劳动水平进行了测算。

不同群体间体面劳动状况存在很大差异，因此针对不同群体的体面劳动研究非常多。宏观层面上有国家（黄维德等，2011）与省级（James 等，2005；丁越兰等，2014）工人体面劳动水平的研究，微观层面上有一线员工群体、农民工群体、城镇非正规就业群体（陈静，2014）、知识员工群体（黄维德等，2014）、农业生产者（董海军等，2013）等相关研究，关于农民体面劳动的研究非常少，尤其是针对农民种粮劳动行为的研究，目前还没有。

综上所述，本研究从“体面劳动”的角度分析农民种粮行为，引入马斯洛需求金字塔理论，对体面劳动的测量指标进行界定，并通过实地调研采集到1803份数据，对本研究提出的体面劳动测量指标体系从整体项目分析、效度检验与信度检验三方面进行统计分析，以确定该套指标的可靠性。

（2）粮作农民体面劳动指标体系的构建。

首先，指标构建理论依据。

第一，体面劳动的内涵与本质。

如前所述，体面劳动的定义为“在自由、平等、安全和保障人格尊严的条件下，不论男女均能获得体面的、生产性的工作机会”，为劳动本身提出多方面的要求。体面劳动体现的是对劳动者人权的保障。自由意味着劳动者能够按照自己意志选择劳动形式；平等是指在劳动中享受到的与其他劳动者无异的权利保障；安全是指劳动者在从事劳动过程中从生理到心理上的一种安全、平稳性；保障人格尊严是较高层次的要求，是劳动者从心理层面的一种需求，也是人权保障的最高形式。因此，体面劳动的核心被概括为工作中的权利、就业平等以及社会保障和社会对话。以往关于体面劳动指标维度的确定一般围绕体面劳动的四大战略核心展开，其实质是劳动者基于劳动的从基本到高级的诉求，这样做能较好地与体面劳动的定义、内涵相关联，但不同领域的指标有待细化。

第二，马斯洛需求层次理论与体面劳动相结合。

马斯洛需求层次理论由美国犹太裔人本主义心理学家亚伯拉罕·马斯洛（Abraham Maslow）提出。他认为，个体成长发展的内在力量是动机，而动机是由多种不同性质的需要所组成，各种需要之间，有先后顺序与高低层次之分；每一层次的需要与满足，将决定个体人格发展的境界或程度。马斯洛需求衡量的是个体层面，有层次的需求，其本质与体面劳动关于劳动从低向高的需求相符。把马斯洛需求层次理论引入体面劳动中，一方面符合体面劳动的本质诉求，另一方面为体面劳动中各类需求的层次划分提供了依据。因此，本研究以体面劳动的定义与战略核心作为理论出发点，借鉴以往通过劳动诉求确立指标维度的方法，依托体面劳动针对劳动本身的从低到高的诉求变化，引入马斯洛需求层次理论（Maslow's

Hierarchy of Needs），依据该理论对人类需求的定义来定义人们对劳动的需求，作为指标划分的依据。

依据马斯洛需求理论，需求分为五种，像阶梯一样从低到高，按层次逐级递升，分别为生理上的需求、安全上的需求、情感和归属的需求、尊重的需求、自我实现的需求。对应地，粮作农民体面劳动测量的基本维度也可以归类为5个，依次为生存需求、劳动安全需求、社会属性需求、被尊重需求和个人价值实现需求。粮作农民体面劳动指标体系纵向可以分为三个层次：第一层次是指标维度的确立，该层次着重于确定指标体系的构成体系；第二层次是具体指标，该层次着重于确定指标的具体类型与具体意义；第三层次是可测指标，由于具体指标往往没有直接对应的可获得数据，要用其他可获得的指标加以描述，因此第三层次指标着重于把具体指标可测化。

第三，定性与定量指标相结合原则。

粮作农民的劳动状况是个体层面上的体面劳动。个体体面劳动水平是劳动者对自己工作体面程度的感知，人与人之间需求和价值观的差异必然导致这种感知的差异。因此，具体指标不仅包含客观描述性指标，还应包含主观评价性指标。

其次，体面劳动指标体系的构建。

按照指标维度分别确定具体指标与可测指标。

第一，生存需求维度。劳动者必须通过劳动获得能够维持自身发展所需的基本物资，这是促使劳动者劳动的最强大动力。生存需求包含三方面的含义，分别是劳动机会；劳动的可持续性，也就是稳定性；劳动的可获得报酬水平。劳动机会是指劳动者有参加劳动的机会，没有劳动机会，体面劳动将无从谈起，因此劳动机会是生存需求下的一个具体指标。粮作农民的劳动机会可以理解为农民能够进行粮作劳动的机会，引入可测指标——家庭拥有土地数量，通过是否拥有可耕地、可耕地数量来判断农民的劳动机会。劳动的可持续性是指农民能够长久地进行粮作劳动并且该项劳动能够稳定、持续地提供收入，在我国农民分配得到的土地可以长期耕种，就短期而言，土地的变动概率非常小，劳动持续性是有保障的，劳动带来的收入持续性需要衡量，因此在具体指标劳动稳定性之下设农田自然灾害保险参与情况、农田自然灾害发生后政府补助情况两项可测指标。劳动的收入水平直接决定劳动者的生活水平，是生存需求中最为关键的一环，这一具体指标下设种粮收入是否满意、对小麦收购价格满意、对玉米收购价格满意、只依靠种植业收入能够满足家庭基本生活需要四项可测指标进行衡量。

第二，劳动安全需求维度。根据马洛斯需求的定义，体面劳动对安全的需求主要体现在劳动安全、职业安全、生活稳定、未来有保障等，具体表现在：①物质上的：如操作安全、劳动保护和保健待遇等；②经济上的：如失业、意外事故、养老等。因此对于劳动安全的需求可以分为三部分，即对劳动环境的需求、对劳动时间的需求、对劳动保障的需求。劳动环境代表的是对生存环境的评估，由于农民的劳动环境主要集中在田间，下设田间劳作环境是否满意、水利设施是否满意、家中与田间的往返道路是否满意、田间工作对我的健康没有影响四个可测指标。劳动时间是指劳动者对劳动时间的满意程度，运用总劳动时间少、劳动时间自由度高两个可测指标进行衡量。劳动保障下设医疗保险参与情况、养老保险参与情况、最低生活保障制度三个可测指标。

第三，社会属性需求维度。社会属性是人与人之间的各种互动，体面劳动关于社会属性的需求本质上是劳动者在劳动中希望获得的来自周围的认同与关爱，也是“平等”劳动的体现。认同与关爱可以来自亲友、社会，因此具体指标可以设定为亲友认同情况与社会认同、政府保障三类。亲友主要包括父母、配偶与朋友，因此设定种粮得到父母支持、配偶支持、朋友支持三个可测指标。社会认同是指劳动者参与该项劳动在他人眼中的情况，设置种粮在大家眼里是一份不错的工作、种粮这份工作的社会地位高两个可测指标。政府保障程度运用粮食补贴总体满意程度来衡量。

第四，尊重需求维度。尊重是指一个人希望有地位、有威信，受到别人的尊重、信赖和高度评价。运用社会话语权这一具体指标来衡量尊重情况，下设能够较好地参与村内事务、个人意见能够被村干部及时回应、各类纠纷能够得到良好及时解决、有良好的上下级沟通机制四个可测指标。

第五，个人价值实现需求维度。这是最高层次的需要，它是指实现个人理想、抱负，发挥个人的能力到最大限度，达到自我实现境界的人，也就是说，人必须干称职的工作，这样才会使他们感到最大的快乐。个人发展用能够充分发挥个人能力、对提高个人能力有很大帮助两个可测指标来衡量。工作满意度可以利用自愿选择种粮这份工作、种粮是为了增加收入、喜欢种粮这份工作、从中获得成就感、对社会贡献巨大五个可测指标来衡量。具体见表6-5。

表6-5　粮作农民“体面劳动”测量指标量表

<table>
<tr><th>维度</th><th>指标</th><th>具体指标</th><th>题项编号</th></tr>
<tr><td rowspan="7">生存</td><td>就业机会</td><td>家庭拥有土地数量</td><td>A1</td></tr>
<tr><td rowspan="4">收入</td><td>种粮收入是否满意</td><td>A2</td></tr>
<tr><td>对小麦收购价格满意</td><td>A3</td></tr>
<tr><td>对玉米收购价格满意</td><td>A4</td></tr>
<tr><td>只依靠种植业收入能够满足家庭基本生活需要</td><td>A5</td></tr>
<tr><td rowspan="2">劳动稳定性</td><td>农田自然灾害保险参与情况</td><td>A6</td></tr>
<tr><td>农田自然灾害发生后政府补助情况</td><td>A7</td></tr>
<tr><td rowspan="9">劳动安全</td><td rowspan="4">劳动环境</td><td>田间劳作环境是否满意</td><td>B1</td></tr>
<tr><td>水利设施是否满意</td><td>B2</td></tr>
<tr><td>家中与田间的往返道路是否满意</td><td>B3</td></tr>
<tr><td>田间工作对我的健康没有影响</td><td>B4</td></tr>
<tr><td rowspan="2">劳动时间</td><td>总劳动时间少，工作轻松</td><td>B5</td></tr>
<tr><td>劳动时间自由度高</td><td>B6</td></tr>
<tr><td rowspan="3">社会保障</td><td>医疗保险参与情况</td><td>B7</td></tr>
<tr><td>养老保险参与情况</td><td>B8</td></tr>
<tr><td>最低生活保障制度</td><td>B9</td></tr>
<tr><td rowspan="6">社会属性</td><td rowspan="3">亲友认同情况</td><td>种粮得到父母支持</td><td>C1</td></tr>
<tr><td>种粮得到配偶支持</td><td>C2</td></tr>
<tr><td>种粮得到朋友支持</td><td>C3</td></tr>
<tr><td rowspan="2">社会认同情况</td><td>种粮在大家眼里是一份不错的工作</td><td>C4</td></tr>
<tr><td>种粮这份工作的社会地位高</td><td>C5</td></tr>
<tr><td>政府保障程度</td><td>粮食补贴总体满意程度</td><td>C6</td></tr>
</table>

续表

维度	指标	具体指标	题项编号
被尊重	社会话语权	能够较好地参与村内事务	D1
		个人意见能够被村干部及时回应	D2
		各类纠纷能够得到良好、及时解决	D3
		有良好的上下级沟通机制	D4
个人价值实现	工作满意度	自愿选择种粮这份工作	E1
		种粮是为了增加收入	E2
		喜欢种粮这份工作	E3
		从中获得成就感	E4
		对社会贡献巨大	E5
	个人发展	能够充分发挥个人能力	E6
		对提高个人能力有很大帮助	E7

（3）粮作农民体面劳动指标体系实证检验。

调研问卷回收之后，要进行问卷的项目分析、效度检验以及信度检验，来验证问卷的可靠性及有效性，为粮作农民“体面劳动”指标体系的广泛应用提供数据支持。

①项目分析。

项目分析主要在于检验个别题项的可靠程度。表 6-6 是体面劳动指标体系量表关于极端组比较、题项与总分相关、同质性检验的统计量汇总，分别从决断值（表示题项的鉴别度）、题项与总分相关（表示题项与整体指标体系的同质性高低）、校正题项与总分相关（表示某题与其余题目加总后的积差相关）、题项删除后的 α 值（表示删除本题后，整个量表的 α 系数改变情况）、共同性（表示题项能解释共同特质的变异量）、因素负荷量（表示题项与共同因素间的关系密切度）、未达标准指数项（某个题项前六项指标的未达标数量）七个指标评判各个题项的可靠程度。

由 6-6 数据可知，体面劳动指标体系中所有题项均以 0 个未达标指标数通过项目分析检验。

表6-6　体面劳动项目分析摘要表

题项	极端组比较	题项与总分相关		同质性检验			未达标准指数项	备注
	决断值	题项与总分相关	校正题项与总分相关	题项删除后的α值	共同性	因素负荷量		
A1	30.776	0.647**	0.621	0.968	0.407	0.638	0	保留
A2	40.444	0.729**	0.707	0.968	0.518	0.720	0	保留
A3	35.908	0.696**	0.672	0.968	0.467	0.683	0	保留
A4	36.141	0.718	0.696	0.968	0.497	0.705	0	保留
A5	34.978	0.729**	0.706	0.968	0.519	0.720	0	保留
A6	34.228	0.707**	0.682	0.968	0.480	0.693	0	保留
A7	33.817	0.694**	0.667	0.968	0.460	0.678	0	保留
B1	27.816	0.695**	0.673	0.968	0.475	0.689	0	保留
B2	33.422	0.629**	0.598	0.969	0.373	0.611	0	保留
B3	32.668	0.654**	0.625	0.969	0.409	0.639	0	保留
B4	28.548	0.681**	0.659	0.968	0.462	0.680	0	保留
B5	29.202	0.679**	0.658	0.968	0.463	0.681	0	保留
B6	27.155	0.647**	0.624	0.968	0.425	0.652	0	保留
B7	27.447	0.685**	0.664	0.968	0.477	0.691	0	保留
B8	26.892	0.689	0.668	0.968	0.480	0.693	0	保留
B9	31.998	0.707**	0.685	0.968	0.497	0.705	0	保留
C1	33.688	0.712**	0.693	0.968	0.520	0.721	0	保留
C2	33.734	0.715**	0.696	0.968	0.526	0.725	0	保留
C3	33.808	0.711**	0.690	0.968	0.515	0.718	0	保留
C4	38.119	0.754**	0.733	0.968	0.572	0.756	0	保留
C5	40.104	0.778**	0.759	0.968	0.611	0.782	0	保留
C6	31.467	0.688**	0.662	0.968	0.465	0.682	0	保留
D1	28.962	0.709**	0.689	0.968	0.510	0.714	0	保留
D2	27.651	0.677**	0.655	0.968	0.466	0.683	0	保留
D3	30.700	0.692**	0.670	0.968	0.487	0.698	0	保留
D4	31.571	0.700	0.678	0.968	0.498	0.706	0	保留
E1	38.747	0.750**	0.731	0.968	0.579	0.761	0	保留
E2	36.871	0.745**	0.725	0.968	0.567	0.753	0	保留

续表

题项	极端组比较	题项与总分相关		同质性检验			未达标准指数项	备注
	决断值	题项与总分相关	校正题项与总分相关	题项删除后的α值	共同性	因素负荷量		
E3	39.602	0.770**	0.752	0.968	0.608	0.779	0	保留
E4	41.933	0.775**	0.756	0.968	0.616	0.785	0	保留
E5	35.524	0.744**	0.725	0.968	0.568	0.753	0	保留
E6	40.011	0.777**	0.759	0.968	0.618	0.786	0	保留
E7	41.582	0.776**	0.758	0.968	0.615	0.784	0	保留
保留准则	≥3.000	≥0.400	≥0.400	≤0.969	≥0.200	≥0.450		

注：**表示在5%水平上显著。

②效度检验。

量表所能正确测量的特质程度，就是效度。在本研究中，效度表示量表能正确测量的体面劳动的程度。

a. 内容效度与专家效度。体面劳动量表在编制之初，就查阅了大量的文献资料，并结合马洛斯需求理论，将量表划分为五个构面，因此样表具有内容效度。此外，在样表编制完成后，由相关专家进行审核，以便确定各个题项的有效性，所以样表也具有专家效度。

b. 建构效度。首先对全体题项做 KMO 检验，得出 KMO 值为 0.965，表明题项变量间关系极佳，非常适合做因子分析。其次对单个题项进行检验，反映像矩阵对角线上的每一个题项的 MSA 值均在 0.930 及以上，而当 MSA 值大于 0.8 时，即可表明此题项适合做因子分析。

利用探索性因子分析的限定抽取共同因素法，对体面劳动量表进行建构效度检验。三次探索性因子分析结果均一致，删除 B1、B2、B3、B8、B9、C4、C5、C6、A1 这 9 个题项，量表累计解释的总方差由 69.133%提高至 74.852%，并且因子分析旋转后成分矩阵符合最初设定的分类。

保留下的题项聚合成五个层面，每一层面中包含的题项与原始编订的量表吻合，可以清晰地被命名。每个题项在其所属的类中负荷量均超过 0.40，且不存在题项跨因素构面的情形（即某一题项在两个以上层面中，因素负荷量均大于0.40)。五个层面包含的题项数量分别为6个、4个、3个、4个和7个，题量比最初减少，各层面间差异不太大。综上所述，粮作农民体面劳动指标体系量表的建构效度非常好。

③信度检验。

因素分析结束后，要进行信度检验，测量最终量表所得结果的稳定性及一致性。量表的信度越大，表明其测量标准误越小。对全部题项以及各个层面间题项分别进行内部一致性 α 系数检验，结果见表6-7。全部题项的 α 系数为0.960，表示整个量表的信度甚佳，非常理想。观察每个层面的项目整体统计表中“项目删除时的Cronbach's Alpha值”（数据不再给出)，可以发现，删除某题项后的新 α 值都会较原来的值低，表明任一题项与该层面其余题项的内部一致性佳。综上所述，粮作农民体面劳动指标体系量表的信度非常理想。

表6-7 信度统计摘要表

层面	Cronbach's Alpha	基于标准化项的 Cronbach's Alpha	项数
生存	0.910	0.911	6
劳动安全	0.835	0.835	4
社会属性	0.901	0.902	3
被尊重	0.913	0.914	4
个人价值实现	0.946	0.946	7
全部	0.960	0.961	24

（4）最终量表（见表6-8)。

表6-8 粮作农民“体面劳动”指标体系

维度	指标	具体指标	题项编号
生存	收入	种粮收入是否满意	A2
		对小麦收购价格满意	A3
		对玉米收购价格满意	A4
		只依靠种植业收入能够满足家庭基本生活需要	A5
	劳动稳定性	农田自然灾害保险参与情况	A6
		农田自然灾害发生后政府补助情况	A7

续表

维度	指标	具体指标	题项编号
劳动安全	劳动环境	田间工作对我的健康没有影响	B4
	劳动时间	总劳动时间少，工作轻松	B5
		劳动时间自由度高	B6
	社会保障	医疗保险参与情况	B7
社会属性	亲友认同情况	种粮得到父母支持	C1
		种粮得到配偶支持	C2
		种粮得到朋友支持	C3
被尊重	社会话语权	能够较好地参与村内事务	D1
		个人意见能够被村干部及时回应	D2
		各类纠纷能够得到良好、及时解决	D3
		有良好的上下级沟通机制	D4
个人价值实现	工作满意度	自愿选择种粮这份工作	E1
		种粮是为了增加收入	E2
		喜欢种粮这份工作	E3
		从中获得成就感	E4
		对社会贡献巨大	E5
	个人发展	能够充分发挥个人能力	E6
		对提高个人能力有很大帮助	E7

6.3.4 模型变量

变量名称与描述见表 6-9。

表 6-9 变量名称与描述

变量名称	变量定义
因变量	
种粮积极性	积极性强＝1，种粮积极性一般＝2，积极性差＝3，以种粮积极性差（＝3）为参照
层 1 因变量	
η_{mij}	$\eta_{mij}=\log\left(\frac{\varphi_{mij}}{\varphi_{Mij}}\right)$
层 1 自变量	

续表

变量名称	变量定义
1. 农户特征	
性别	男性=1，女性=0
年龄	
文化程度	文盲=1，小学=2，初中=3，高中=4，大专及以上=5
2. 生存因素	
种粮收入是否满意	非常满意=1，满意=2，一般=3，不满意=4，非常不满意=5
对小麦收购价格满意	非常满意=1，满意=2，一般=3，不满意=4，非常不满意=5
对玉米收购价格满意	非常满意=1，满意=2，一般=3，不满意=4，非常不满意=5
只依靠种植业收入，能够满足家庭基本生活需要	非常满意=1，满意=2，一般=3，不满意=4，非常不满意=5
农田自然灾害保险参与情况	非常满意=1，满意=2，一般=3，不满意=4，非常不满意=5
农田自然灾害发生后政府补助情况	非常满意=1，满意=2，一般=3，不满意=4，非常不满意=5
3. 劳动条件因素	
田间工作对我的健康没有影响	非常满意=1，满意=2，一般=3，不满意=4，非常不满意=5
总劳动时间少，工作轻松	非常满意=1，满意=2，一般=3，不满意=4，非常不满意=5
劳动时间自由度高	非常满意=1，满意=2，一般=3，不满意=4，非常不满意=5
医疗保险参与情况	非常满意=1，满意=2，一般=3，不满意=4，非常不满意=5
4. 社会属性	
种粮得到父母支持	非常满意=1，满意=2，一般=3，不满意=4，非常不满意=5
种粮得到配偶支持	非常满意=1，满意=2，一般=3，不满意=4，非常不满意=5
种粮得到朋友支持	非常满意=1，满意=2，一般=3，不满意=4，非常不满意=5
5. 被尊重因素	
能够较好地参与村内事务	非常满意=1，满意=2，一般=3，不满意=4，非常不满意=5
个人意见能够被村干部及时回应	非常满意=1，满意=2，一般=3，不满意=4，非常不满意=5
各类纠纷能够得到良好、及时解决	非常满意=1，满意=2，一般=3，不满意=4，非常不满意=5
有良好的上下级沟通机制	非常满意=1，满意=2，一般=3，不满意=4，非常不满意=5
6. 个人价值实现	
自愿选择种粮这份工作	非常满意=1，满意=2，一般=3，不满意=4，非常不满意=5

续表

变量名称	变量定义
种粮是为了增加收入	非常满意=1，满意=2，一般=3，不满意=4，非常不满意=5
喜欢种粮这份工作	非常满意=1，满意=2，一般=3，不满意=4，非常不满意=5
从中获得成就感	非常满意=1，满意=2，一般=3，不满意=4，非常不满意=5
对社会贡献巨大	非常满意=1，满意=2，一般=3，不满意=4，非常不满意=5
能够充分发挥个人能力	非常满意=1，满意=2，一般=3，不满意=4，非常不满意=5
对提高个人能力有很大帮助	非常满意=1，满意=2，一般=3，不满意=4，非常不满意=5
层2自变量	
农户所在县区是否是扶贫县	不是=0，是河南省重点开发工作县=1，是国家级贫困县=2

6.3.5 回归结果与分析

（1）层1因变量为η_{1ij}的回归结果分析。

η_{1ij}是层1因变量，表示具有较高种粮积极性的农户相对于种粮积极性差的农户概率发生比的对数值。由表6-10可知，具有种粮积极性的农户相对于种粮积极性差的农户而言，共有6个因素影响显著，2个因素属于农户特征，1个因素属于生存需求维度，还有3个因素属于个人价值需求维度。

属于农户特征的显著影响种粮积极性的因素是年龄和文化程度。年龄每增长1岁，种粮积极性高的农户相对于种粮积极性差的农户概率发生比的对数值将下降0.041726，对于Logit模型，计算所得的系数不能从数据本身去衡量影响的大小，只有影响的方向性可以衡量，因此，-0.041726意味着，农户随着年龄的增加种粮积极性在不断下降。文化程度每提升一个水平，种粮积极性高的农户相对于种粮积极性差的农户概率发生比的对数值将下降0.384816，意味着文化程度越高，农户种粮积极性越低。

属于生存需求维度的显著影响种粮积极性的因素是种粮收入满意程度。种粮收入满意程度每提升一个水平，种粮积极性高的农户相对于种粮积极性差的农户概率发生比的对数值将提高0.291552，意味着对种粮收入越是满意，农户的种粮积极性就越高。

属于个人价值实现维度的显著影响种粮积极性的三个因素是自愿选择种粮这份工作、能够充分发挥个人能力、对提高个人能力有很大帮助。对“自愿选择种粮这份工作”的满意度每提升一个水平，种粮积极性高的农户相对于种粮积极性差的农户概率发生比的对数值将下降 0. 408409，越是自愿选择种粮的农户，其种粮积极性反而越低，笔者认为，出于自愿而选择种粮的农户大都是自身需求，即粮食用来自给自足，缺乏扩种的动机，因而倾向于减少种植面积。对“种粮能够充分发挥个人能力”的满意度越高，种粮积极性高的农户相对于种粮积极性差的农户概率发生比的对数值将提升 0. 477513，种粮行为越是能够充分发挥个人能力，其种粮积极性也越高。对“种粮对提高个人能力有很大帮助”的认同度每提升一个水平，则种粮积极性高的农户相对于种粮积极性差的农户概率发生比的对数值将下降 0. 515990，对于这个回归结果，我们应该从反面进行理解，即越是认为种粮无法提高个人能力的人，越是有种粮积极性，考虑到“种粮能够充分发挥个人能力”的因素影响方向，我们可以这样理解，具有种粮积极性的人往往认为自己的种粮选择是“人尽其才”，但是并不认为种粮行为能够让自己得到进一步提升，种粮不是一门技术性强的劳动。

表 6-10　多层多项 Logit 回归结果

	层 1 因变量为 η_{1ij}	层 1 因变量为 η_{2ij}
截距	4. 163241	0. 347778
农户所在县区是否是扶贫县	−0. 617707	−0. 766222*
性别	0. 123109	0. 310348
年龄	−0. 041726***	−0. 013043
文化程度	−0. 384816**	−0. 116925
种粮收入是否满意	0. 291552*	0. 218075
对小麦收购价格满意	−0. 034230	−0. 156898
对玉米收购价格满意	0. 193498	0. 198278
只依靠种植业收入能够满足家庭基本生活需要	−0. 094887	−0. 058314
农田自然灾害保险参与情况	0. 102505	0. 049941
农田自然灾害发生后政府补助情况	0. 045036	0. 019919
田间工作对我的健康没有影响	0. 256436	0. 344087*

续表

	层 1 因变量为 η_{1ij}	层 1 因变量为 η_{2ij}
总劳动时间少，工作轻松	0. 172385	0. 207935
劳动时间自由度高	0. 144847	0. 412876 **
医疗保险参与情况	−0. 133439	−0. 198558
种粮得到父母支持	0. 324188	0. 150008
种粮得到配偶支持	−0. 118476	−0. 093236
种粮得到朋友支持	−0. 098624	0. 216440
能够较好地参与村内事务	0. 355005	0. 019157
个人意见能够被村干部及时回应	−0. 167104	−0. 183281
各类纠纷能够得到良好、及时解决	−0. 235017	−0. 236321
有良好的上下级沟通机制	−0. 000782	0. 170399
自愿选择种粮这份工作	−0. 408409 **	−0. 576622 ***
种粮是为了增加收入	−0. 216201	−0. 534658 ***
喜欢种粮这份工作	−0. 037621	−0. 003554
从中获得成就感	−0. 136439	−0. 039672
对社会贡献巨大	0. 064032	0. 002410
能够充分发挥个人能力	0. 477513 *	−0. 398301
对提高个人能力有很大帮助	0. 515990 **	0. 359363

注：* 代表 $p<0.1$，** 代表 $P<0.05$，*** 代表 $P<0.01$。

（2）层 1 因变量为 η_{2ij} 的回归结果分析。

η_{2ij} 也是层 1 因变量，代表种粮积极性一般的农户相对于种粮积极性差的农户概率发生比的对数值。种粮积极性一般的农户相对于种粮积极性差的农户而言，存在 4 个显著影响因素。其中 2 个因素属于劳动条件维度，2 个因素属于个人价值实现维度。

属于劳动条件维度的因素是田间工作对我的健康没有影响、劳动时间自由度高。对“田间工作对我的健康没有影响”的满意度每提升一个水平，种粮积极性一般的农户相对于种粮积极性差的农户概率发生比的对数值将下降 0. 344087，“田间工作对我的健康没有影响”的满意度与农户种粮积极性一般成反比，意思是越是认为种粮行为对自己健康没有影响的人，越是种粮积极性较差的农户。劳动自由度的满意度每提升一个水平，种粮积极性一般的农户相对于种粮积极性差的农户概率发生比的对数值将下降0.412876，劳动自由度满意度与农户种粮积极性一般成反比，表明越是对劳动自由度感到满意的农户，越是种粮积极性差的农户。

属于个人价值实现维度的因素是自愿选择种粮这份工作、种粮是为了增加收入。对“自愿选择种粮这份工作”的满意度每提升一个水平，种粮积极性一般的农户相对于种粮积极性差的农户概率发生比的对数值将下降0.576622，表示对自愿种粮的认同度越高，往往是种粮积极性差的农户。对“种粮是为了增加收入”的认同度每提高一个水平，种粮积极性一般的农户相对于种粮积极性差的农户概率发生比的对数值将提升0.534658，说明越是需要通过种粮增加收入的农户，其越倾向于是种粮积极性一般的农户。

（3）对层2因素的回归分析。

因变量η_{1ij}与η_{2ij}各自对第一层截距的信度估计结果为0.225与0.730，η_{2ij}对第一层截距的信度估计值较高。对第二层的随机效应参数估计结果显示，第一类中随机参数估计值的X^2检验不显著，第二类中检验显著，也就是说，种粮积极性一般的农户相对种粮积极性差的农户而言受到所在县经济状况的影响，也为文章使用多层多项Logit模型提供了依据。对于种粮积极性高的农户（相对于种粮积极性差农户），所在县区是否为贫困地区影响并不显著。对于种粮积极性一般的农户（相对于种粮积极性差农户），所在县区的贫困等级每提高一个水平，种粮积极性一般农户相对于种粮积极性差的农户概率对数比降低0.766222，表明农户所在县越贫困，农户种粮积极性越差。

（4）层1中影响第一类与第二类因变量的因素对比。

“自愿选择种粮这份工作”对两个层1的自变量均存在显著影响，并且均呈反向影响。即越自愿选择种粮的农户，越是种粮积极性差的农户，此类农户一方面选择种粮，另一方面又要减少种植亩数，通常种粮是为了自用，而非营利，由此反推，其他粮作农户往往或多或少出于营利目的选择种粮。“种粮能够构充分发挥个人能力”与“种粮对提高个人能力有很大帮助”对层1自变量η_{1ij}有影响，对η_{2ij}没有影响，前者与种粮积极性高成正比，后者与其成反比，说明种粮积极性高的人群往往认为种粮能够发挥自身能力，但是对提高自身能力没有帮助。“种粮是为了增加个人收入”只对η_{2ij}存在正向影响。

年龄与文化程度两个农户特征类因素只对层 1 中的η_{1ij}自变量有影响，并且均呈反向影响，由此，我们可以得知，比较年轻并且文化程度偏低的一类人具有成为粮食规模经济者的潜力。种粮积极性一般与种粮积极性较差的人群不受年龄与文化程度的影响。

田间工作对我的健康没有影响、劳动时间自由度高两个属于劳动条件维度的因素对于层 1 自变量η_{2ij}具有显著影响，并且均呈反向影响。我们也可以据此推断，越是种粮积极性一般的农户，其受劳动条件的影响越大，种粮积极性较高与种粮积极性差的农户群体均不受劳动条件的影响。

6.3.6 对粮食主产区农民种粮积极性的思考

保障粮食主产区农户的种粮积极性，是从根本上保障粮食主产区粮食产能、保障国家粮食安全的途径。我们通过从农户个体需求角度出发，把种粮看作是一种劳动行为选择，来探究影响主产区农户种粮积极性的主要因素。对于较高种粮积极性的农户（相对于种粮积极性差的农户），与年龄、文化程度、种粮收入满意程度、充分发挥个人能力满意度呈正相关，与自愿选择种粮赞同度、种粮能够提高个人能力赞同度成反比。对于种粮积极性一般的农户（相对于种粮积极性差的农户），与种粮为了增加个人收入赞同度呈正相关，与田间工作对我的健康没有影响满意度、劳动时间自由度高满意度、自愿选择种粮赞同度成反比。

对于种粮积极性较高的农户群体，更关注个人生存与个人能力发挥，说明了种粮积极性高的群体存在比较典型的小农思想，这有利于我们今后针对特定人群制定政策，以帮助并鼓励真正具有种粮积极性的农户群体。对于种粮积极性一般的农户群体，则较为关注劳动条件与种粮收入，这部分农户群体往往存在兼业现象，并且人数较多，是我们在促进农户种粮积极性过程中要团结的中坚力量。

此外，我们还发现，真正具有种粮积极性的农户，其种粮的主要目的是满足自身生活发展，即获得收入，因此，农户的粮作行为选择不受当地经济形势的影响。而种粮积极性一般的农户群体，很可能并未把粮作劳动作为唯一的收入形式，因此，他对于粮作行为的选择更多地受当地经济形势的影响，越是贫困的地区，农户越不倾向种粮。

6.4 本章小结

农户是粮食生产的基层单位，其重要性不言而喻。对于粮食主产区农户来说，最值得关注的问题有两个：一是农户收入问题；二是农户种粮积极性问题。本章的主要研究结论如下：

（1）农户的收入水平受到当地发展粮食生产的影响。具体体现在三个方面：第一，农户所在区域的 GDP 受损导致提供的工作岗位减少，降低了农民务工的机会，也就降低了工资性收入。第二，基本粮田的划定限制了土地的使用途径，导致土地无法耕种经济效益更高的作物，产生了机会成本，因而家庭经营性收入受损。第三，粮食生产的劳动回报率低，大部分农户耕作规模远低于规模经济水平，加之粮食投入成本增加迅速，挤占农业利润。

（2）利用河南省调研获得的 1803 份样本数据可知，仅有不到一半的农户希望增加土地拥有量，绝大部分农户希望自己拥有的土地数量不变，少数农民还有减少土地持有的意愿。总的来说，农户种粮积极性并不高。

（3）从农户的个体层面出发，运用多层多项 Logit 模型，对河南省农户的种粮积极性影响因素进行分析。对于较高种粮积极性的农户（相对于种粮积极性差的农户），与年龄、文化程度、种粮收入满意程度、充分发挥个人能力满意度呈正相关，与自愿选择种粮赞同度、种粮能够提高个人能力赞同度成反比。对于种粮积极性一般的农户（相对于种粮积极性差的农户），与种粮为了增加个人收入赞同度呈正相关，与田间工作对我的健康没有影响满意度、劳动时间自由度高满意度、自愿选择种粮赞同度成反比。

（4）种粮积极性较高的农户，其种粮的主要目标是获得收入，农户的粮作行为选择不受当地经济形势的影响。而种粮积极性一般的农户群体，粮作劳动并不一定是唯一的收入来源，对于粮作行为的选择更多地受当地经济形势的影响，越是贫困的地区，农户越不倾向种粮。

通过本章的分析，我们对于为何要对农户层面进行利益补偿有了一个较为深入的认识，明白了这一政策推行的必要性。接下来我们将据此分析，对农户层面进行利益补偿的具体额度，以期为国家政策制定提供参考。

第7章

利益补偿额度测算——农户层面

第6章对农户层面的利益补偿依据进行了分析，利益的补偿依据主要是收入受损与种粮积极性不足。对农户进行直接的利益补偿是能够同时作用于上述两个问题的有力方法之一。因此，本章的主要内容是从农民应得粮作收入角度来测算利益补偿额度。核心思想与第5章关于主产省层面利益补偿类似，通过测算农民的应得收入（理想收入），对比当下的收入水平，找出其中的差距，据此确定农户的补偿标准。

本研究在考虑到不同劳动者的劳动能力、获利能力基础上，从机会成本的角度来衡量主产区农户的理想收入水平。第一，以劳动价值理论与人力资本理论、机会成本理论为基础，运用教育水平来衡量人力资本能力。考虑存在人力资本能力差别并且均能够在市场实现个人劳动价值时，城镇从业人员收入、农民工收入与农民种粮收入的收入差距。第二，排除人力资本能力的差别后，通过标准化单位时间不同劳动者的收入水平，进行对比分析，找出粮作农民存在的机会成本。第三，通过机会成本确定农民种粮收入应该达到的收入水平。通过与参照组的对比，我们得出农民种粮收入可以且应该达到的收入范围，确定出较为准确的收入目标区间，分析存在的差距，为我国今后制定农业相关政策提供参考。

7.1 测算依据

7.1.1 测算思路

研究对粮食主产区的利益补偿问题，根本目标在于通过利益补偿，保障主产区上至政府、下至农户层面的粮食生产能力，以保障粮食生产稳定。为实现这个目标，从农户角度来说，便是要保障农户的粮食生产能力。农户粮食生产能力主要取决于单位面积产粮和粮食种植面积，前者的变化幅度不大，因而一个农户粮食产出数量主要取决于其耕作土地的数量，也就是说，取决于自身耕作的意愿。农户利益补偿测算思路如图 7-1 所示。

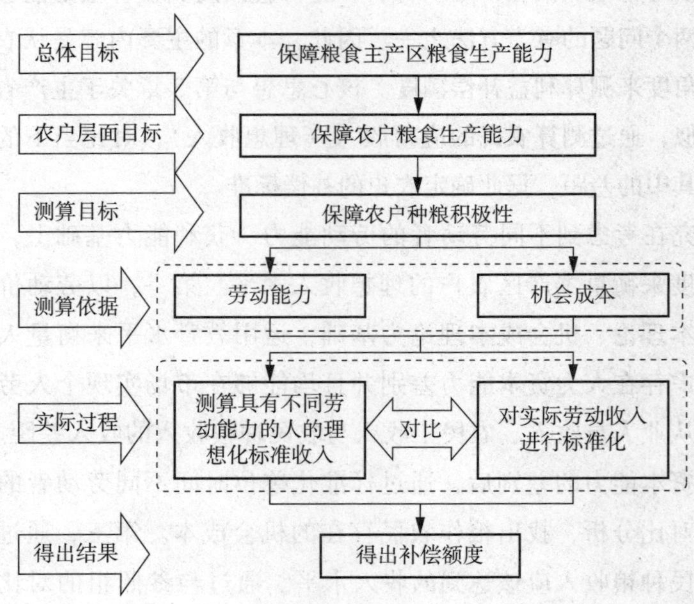

图 7-1 农户利益补偿测算思路

耕作意愿可以理解为农户的种粮积极性。在第 6 章中对影响农户种粮积极性的因素进行了实证分析，不论是目前积极性较高的农户还是积极性一般的农户，其粮作意愿均受到种粮收入的显著影响。当种粮收入不高时，农民往往倾向于改变劳动方式，从粮作劳动转移至其他类型的劳动形式，以获得更高的收入，通常来说，农户会外出务工来代替粮作生产。当农户在不同的劳动形式中进行选择时，便产生了机会成本。

农民粮作收入水平影响自身种粮积极性，使农民在粮作劳动与外出务工之间开始重新选择，导致机会成本出现。机会成本在这里可以作为我们进行农户补偿测算的直接依据。

此外，我们还应该考虑到一个伴随劳动选择而来的问题，农户能否获得粮作劳动之外的其他劳动机会，以及获得的劳动机会报酬高低。能够获得劳动机会、劳动机会的报酬水平均与劳动力的劳动能力，也即人力资本能力相关。人力资本能力的本质是一个劳动力输出劳动的复杂程度，根据劳动复杂程度不同，劳动的价值也不同，这与马克思的劳动价值理论相一致。因此，农户的劳动能力水平也应该作为农户补偿额度测算的依据之一。

考虑农户个人劳动能力的影响，测算出排除劳动能力干扰因素的劳动力理想报酬水平。再找出当前农户从事不同劳动时的收入水平，把理想水平与实际收入水平均换算成以每天8小时标准工作时间下的日均标准收入水平，便可以直观地进行比较。两者之间存在差异，根据机会成本的理论，想要保障农户粮作积极性，则应该按照机会成本进行利益补偿，即理想收入与实际收入的差值，便是劳动的机会成本，也是我们要求的利益补偿额度。

7.1.2 存在不足

我们知道，影响农户种粮积极性的因素有很多，不只是种粮收入，通常还包括补贴情况、个人意愿、劳动时间等，农民不仅仅具有“理性小农”思想，也具有“道义小农”思想。仅从种粮收入一个角度去分析对农户的利益补偿，并不能全部覆盖所有的方面，这是本研究在测算过程中存在的不足。

但是，在进行实际测算时，目前并未有非常好的办法，能够充分考虑到农户个体需求层面对种粮积极性产生的影响，并对其进行量化，从补偿角度来改变农户个体需求、提升种粮积极性，这个问题暂时不容易得到解决。不过，在未来可以根据这一思路，从改变农户个体需求角度提出可行的政策措施，间接起到补偿农户、提升种粮积极性的作用。

“理性小农”强调农户生产决策依据利润最大化思想，作为农户来说，在进行决策时或多或少都会受到这一思想的影响，大部分学者的研究也都对“农户以利润最大化作为自身行为指导思想之一”表示赞同，因此，本研究从不同劳动形式的收入角度入手来探讨农户利益补偿额度，是较为可行并且具有理论依据的。

7.2 人力资本能力理论与假设

马克思在劳动价值理论中指出，劳动是创造价值的唯一源泉。商品具有价值是因为在生产的过程中凝结了人力劳动。人类劳动的形态不是单一的，它既可以是直接的体力劳动，还可以是抽象的劳动，但它们都具有共同的特点，都是人类体力与脑力的支出。劳动根据其劳动量的大小，又可以划分为简单劳动和复杂劳动，后者可以看作是前者的倍加。当我们讨论不同群体的工资水平时，可以利用劳动力提供劳动的能力去估算他的工资水平。农民种粮也是在用劳动创造价值，但是我们很少把农民作为一名“工人”进行研究，进而忽视了其薪资水平问题。

尽管复杂劳动能够看成是加倍的简单劳动，但是两者间的具体换算比率并未被给出（朱沁夫，2003）。如何去判断劳动力提供劳动的能力呢？我们可以引入人力资本的概念。作为现代人力资本理论的奠基人，美国经济学家舒尔茨（1960）认为，劳动者在医疗保健、在职培训、学校教育、为变换就业机会而迁徙等方面的投入构成人力资本价值的主要部分。随着经济发展与人民生活水平的提高，居民医疗卫生条件改善明显，地区间劳动力的健康差别逐步缩小。劳动力身体素质对经济的影响不再具有决定性，取而代之的是劳动力文化素质，劳动力受教育程度成了促进经济发展的重要因素（赵秋成，2000）。由此，我们提出了第一个假设条件：

假设条件 1：假定劳动力的人力资本能力仅与受教育程度正相关。

为了把不同劳动力的人力资本能力用受教育程度表示出来，我们引入赵秋成的劳动力简化系数法。人力资本能力的不同也就意味着个体间劳动能力的不同。首先，我们定义一个参考系——自然人力，表示一个没有接受过教育与培训的劳动者所具有的劳动能力。此类劳动者的劳动形式是体力劳动，对应的就是文盲劳动者。当劳动者接受过一定教育或培训后，他们所具有的人力资本能力就是若干倍的自然人力。这里，我们把自然人力定义为 1，根据赵秋成的计算结果，文盲半文盲、小学、初中、高中（含中专）和大学（含大专）等不同文化程度劳动者的劳动力折算系数分别为 1.0、1.6、2.28、2.92 和 3.98。我们可以根据上述系数，通过现有数据来估算不同劳动群体间的人力资本存量之比，利用这一比值作为各个群体收入的参考标准。本着以按劳分配为基础的分配原则，引入假设条件：

假设条件 2：劳动力的收入水平与个人人力资源能力成正比。

劳动力商品作为一种商品，必须完成市场上“惊险的一跳”，才能成为被社会认可的劳动，才能实现其价值。若是无法被社会所接纳，就无法实现价值。另外，当市场上信息充分对等且劳动力可以自由流动时，劳动力能够找到符合自身劳动价值的工作，即个人能力得到正常发挥，所获得的报酬与自身人力资本能力相当。由此，又引出第三个假设条件：

假设条件 3：劳动力在市场上能够自由流动，因此劳动力能够实现自身价值。

基于上述三个假设条件，我们可以通过计算不同群体由于人力资本能力造成的收入差异获得农民种粮收入的理论值。

7.3 不同群体收入能力测算

为确立城镇从业人员、农民工与粮作农民三个群体各自的人力资本能力水平，我们首先应该找到河南省城镇从业人员、农民工与粮作农民各自的平均受教育水平。根据数据的可获得性，我们以 2014 年统计数据为准，利用河南省农民家庭劳动力的受教育程度作为衡量粮作农民的受教育程度，运用全国平均数据来代替河南省的农民工与城镇从业人员的受教育程度（见表 7-1）。我们只需对不同群体的劳动力分别计算其平均的劳动力折算系数，由假设条件 1 可知，得到的平均劳动力折算系数可以代表该群体的平均人力资本能力，再引入假设条件 2，所得值能够反映出不同劳动力群体间的收入水平。

表 7-1　2014 年农村与城镇劳动力受教育程度　　单位：%

	未上过学	小学	初中	高中	大专及以上
农民家庭劳动力（河南）	4.07	20.52	58.94	12.89	3.63
农民工（全国）	1.1	14.8	60.3	16.5	7.3
城镇从业人员（全国）	0.9	9.5	39	24.1	26.4

数据来源：《中国人口与就业统计年鉴》（2015 年）；2015 年全国农民工监测报告。

不同文化程度劳动者的劳动力折算系数见表 7-2。

表 7-2　劳动力折算系数

	文盲半文盲	小学	初中	高中（含中专）	大学及以上（含大专）
劳动力折算系数	1	1.6	2.28	2.92	3.98

数据来源：赵秋成。

令 β_1，β_2，β_3，β_4，β_5，分别代表文盲半文盲、小学、初中、高中（含中专）和大学及以上（含大专）五种不同文化程度劳动者的劳动力简化系数，j 取 1、2 时分别代表种粮农民和城镇居民，令 P_{1j}，P_{2j}，P_{3j}，P_{4j}，P_{5j}代表 j 群体中文盲半文盲、小学、初中、高中（含中专）和大学及以上（含大专）文化程度劳动者人数的百分比。则对于某个群体 j 而言，该群体的平均劳动力折算系数为：

$$\overline{P}_j = \sum_{i=1}^{5} \beta_i P_{ij} \qquad (7-1)$$

$j=1$ 时表示城镇从业人员；$j=2$ 时表示农民工群体；$j=3$ 时表示粮作农民。

利用表 7-2 中的数据，代入式（7-1），我们可以求得农村劳动力与城镇就业人员的平均劳动力折算系数见表 7-3。

表 7-3 河南省不同群体的平均劳动力折算系数

	农村劳动力	本地农民工	城镇从业人员
劳动力折算系数	2.234	2.395	2.805

数据来源：通过式（7-1）计算得出。

当仅考虑人力资本能力的影响时，结合前文假设，单位时间城镇从业人员、农民工、粮作农民的收入之比即为三个群体的劳动力折算系数之比。

7.4 群体收入标准化计算

2014 年城镇从业人员周平均工作时间无法获得，本研究暂用 2013 年数据替代，城镇从业人员周平均工作时间为 46.6 小时。按照一天工作 8 小时的标准换算，城镇从业人员年标准工作日为 303 天。2014 年城镇从业人员年平均工资 42179 元，则可以计算出城镇从业人员平均一个标准工作日收入为 139.20 元。

2014，外出工作农民工平均每月工作 25.3 天，平均每天工作 8.8 小时，换算成 8 小时标准工作时间，则农民工每月工作标准天数为 27.83 天。中部地区务工的农民工人均月收入 2761 元，则农民工一个标准工作日平均收入为 99.21 元。

粮作农民每标准工作日的收入情况无法直接获得，我们可以通过每亩粮食的用工时间、收益情况间接计算得出。河南省主要的粮食作物为小麦和玉米，水稻种植量很小，因此接下来我们只讨论小麦与玉米。表 7-4 给出了 2014 年河南省小麦与玉米的用工情况，其中用工时间是按照每天 8 小时的标准工作日计算的，因此每亩土地上，小麦的标准用工时间为 4.49 天（雇工天数与费用很低，此处不再讨论），玉米的家庭用工天数为 5.4 天。河南省农民一年中会种植小麦和玉米各一季，计算农民标准日收入时要把两者都包含在内。

表 7-4　2014 年农作物用工情况

	小麦	玉米
每亩人工成本（元）	342.38	409.22
1. 家庭用工折价（元）	334.06	401.54
家庭用工天数（天）	4.49	5.40
劳动日工价（元）	74.40	74.40
2. 雇工费用（元）	8.32	7.68
雇工天数（天）	0.14	0.13
雇工工价（元）	61.15	60.02

数据来源：2015 年全国农产品成本收益资料。

得到每亩粮食作物的工作时间之后，接下来要确定每亩的收入。分析表 7-5河南省小麦与玉米的成本收益情况。讨论粮作农民在每亩土地上的劳动收益时，要从劳动收入、土地收入、利润收入三方面进行。

表 7-5　2014 年河南成本收益情况　　单位：元

	小麦	玉米
产值合计	1153.45	1100.94
总成本	1012.65	1015.02
生产成本	759.43	760.14
物质与服务费用	417.05	350.92
人工成本	342.38	409.22
家庭用工折价	334.06	401.54
雇工费用	8.32	7.68
土地成本	253.22	254.88
流转地租金	34.15	27.90
自营地折租	219.07	226.98
净利润	140.80	85.92
现金成本	459.52	386.50
现金收益	693.93	714.44

数据来源：2015 年全国农产品成本收益资料。

土地自营地折租的价值以及它所产生的净利润，这部分收入是附加在农民无偿获得的土地资本上的，不属于农民的劳动所得。当把农民粮作收入与务工收入进行对比时，则应该只考虑农民的劳动收入，因为无论农民从事粮作行为还是外出务工将土地流租，农民始终能得到由土地带来的这部分收入，此处若加上资本带来的收入，则粮作行为的劳动收入计算将偏高。此时，小麦每亩的收益为 334.06 元，玉米每亩的现金收益为 401.54 元，两者之和为 735.60 元，总用工时间为 9.89 天，则农民一个标准工作日的平均收入为 74.4 元，也就是劳动日工价。

当把农民粮作行为收入与城镇从业人员收入进行对比时，农民的总收益应该为劳动收益、土地收益、净利润收益的总和。相对农民而言，城镇从业人员并没有农村户口因而不存在土地的收入加成。从这一角度考虑，小麦每亩的收益为 693.93 元，玉米每亩的现金收益为 714.44 元，两者之和为 1408.37 元，总用工时间为 9.89 天，则农民一个标准工作日的平均收入为 142.40 元。

7.5 粮作农民理想收入区间测算

把不同群体的平均劳动力折算系数之比作为单位时间工资比率，则群体间的工资比率可以表示为：

城镇从业人员单位时间平均收入：粮作农民单位时间平均收入$=\frac{\overline{P}_1}{\overline{P}_3}=1.256$

农民工单位时间平均收入：粮作农民单位时间平均收入$=\frac{\overline{P}_2}{\overline{P}_3}=1.072$

城镇从业人员一个标准工作日平均收入为 139.2 元，则按照上述工资比率计算的农民平均一个标准工日的收入应为 113.58 元。当与城镇从业人员进行对比时，把土地带来的资本收益考虑在内，农民一个标准工作日的平均收入为 142.40 元。农民的单位时间平均收入要高于其相应人力资本条件下的应得收入，两者的差值为 28.82 元。土地为自营地的情况下，农民的单位时间收益率高于城镇从业人员。

农民工一个标准工作日平均收入为 99.21 元，按照上述比例测算出，粮作农民一个标准工作日的平均收入应该为 92. 55 元。当对种粮农民与务工农民收入进行对比时，土地带来的资本收益不应被纳入粮作农民收入，此时农民一个标准工作日的平均收入为 74. 4 元，粮作农民单位时间收益要低于外出务工收益，差距为 18. 15 元。由于农民的劳动行为选择导致了收入的差异，粮作行为的机会成本便产生了。

7. 6 利益补偿额度分析

7. 6. 1 机会成本角度

对种粮农户的利益补偿，是为了提高收入水平、提高种粮积极性。当与城镇从业人员的收入水平进行对比时，我们发现由于存在资本收入，去除人力资本能力的差异后粮作农民单位时间的工资率要高于城镇从业人员相应收入水平，每个标准工作日要高出 28. 82 元。从与城镇从业人员的对比来看，没必要对粮作农民进行补贴。

对粮作农民与农民工收入水平进行对比时，由于两者均能够获得土地资本带来的收益，因此单独考虑劳动收入时，去除人力资本差异后粮作农民一个标准工作日的收入显然要低于相应的农民工的收入，低了 18. 15 元/天。每日损失额度与一年中一亩土地上的总劳动时间乘积，就是每亩土地的补偿额度，结果为 179. 50（18. 15×9. 89）元/亩。因此，从弥补粮作劳动机会成本、提高农民种粮积极性的角度来讨论农民的利益补偿额度，每亩的补贴总额度应该达到 179. 5 元。

7. 6. 2 农民绝对收入角度

由于自营土地存在资本收益与利润收益，粮作农民单位时间工资率表现高于城镇从业人员的相应均值，但是农民收入水平低下的现状仍然未能改变。原因有如下两点：

第一，人均耕地面积过低，粮作收入总额提升幅度有限。已知劳动收入=工作时间×单位时间收入，影响种粮收入的除了单位时间的收入水平外，还依赖于工作时间，也就是农户拥有的土地数量。2014年河南省农村人均土地用量约为2.09亩，当农户不额外承包土地的情况下，一年在粮作劳动上的劳动时间最多为20.67天，剩余时间，若是不打工便要赋闲在家。自营土地每亩的年收益为1408.37元，而承包土地一亩年收益仅有735.60元，当农民承包土地来进行粮作生产时，每亩的收益只能有735.60元。参考城镇工作人员一年的工作时间，约为303天，那么一个农户一年理论上至多能耕作30.64亩地，此时年收入能达到23818.12元，仍低于城镇从业人员与农民工的收入水平。与之形成鲜明对比的是，我国东三省地区的农民，农户人均拥有土地数量较多，“工作量”较河南等地区高出数倍，既大大增加了粮作劳动时间，又获得了更多的土地资本收益，还可以较好地实现农业机械化、提高自身生产效率。

第二，工资性收益率低于应得收益。城镇从业人员劳务市场相对完善，因此可以用城镇从业人员作为参照，以此推断农民种粮收入。城镇从业人员单位时间平均收入：农民工单位时间平均收入 $=\frac{\overline{P}_1}{\overline{P}_2}=1.171$，按照城镇从业人员一个标准工作日平均收入为139.2元计算农民工的收入，为118.87元。事实上，农民工2014年一个标准工作日平均收入仅为99.21元，与应得收入相差19.66元。我国农民工目前的工资水平偏低的原因，一方面是由人力资本能力决定，另一方面是由歧视性因素造成的，即由城市劳动力市场上的不公平带来的（朱长存，2009），这一点由上述的计算得到了充分的证明。这表明中国农民工劳动市场还不完善，农民工获得的工资水平不足以反映他们的人力资源能力。

因此，从农民的绝对收入角度来讲，提高绝对收入是十分必要的。但是，直接的利益补偿不可行，需要依赖政策的手段达到。对于农民土地拥有量少的问题，应在合理引导农村劳动力转移的同时，加快推进农村土地流转工作，才能从根本上解决这一问题。对于农民工工资水平偏低的问题，一方面要加快完善相关市场体制，保障农民工各类合法权益，另一方面还应该加快当地经济发展，提供更多的就近的优质工作岗位，为劳动力的转移、农民工方便就业贡献力量。

7.7 本章小结

本章的主要内容是从农民应得粮作收入角度来测算利益补偿额度。通过测算农民的应得收入（理想收入），对比当下的收入水平，找出其中的差距，据此确定农户的补偿标准。

本研究在考虑到不同劳动者的劳动能力、获利能力基础上，从机会成本的角度来衡量主产区农户的理想收入水平。

（1）当仅考虑人力资本能力的影响时，单位时间城镇从业人员、农民工、粮作农民的收入之比即为三个群体的劳动力折算系数之比，为2.805∶2.395∶2.234。

（2）当与城镇从业人员的收入水平进行对比时，我们发现由于存在资本收入，去除人力资本能力的差异后粮作农民单位时间的工资率要高于城镇从业人员相应收入水平，每个标准工作日要高出28.82元。从与城镇从业人员的对比来看，没必要对粮作农民进行补贴。

（3）粮作农民与农民工收入水平进行对比时，由于两者均能够获得土地资本带来的收益，因此单独考虑劳动收入时，去除人力资本差异后粮作农民一个标准工作日的收入显然要低于相应的农民工的收入，低了18.15元/天。从弥补粮作劳动机会成本、提高农民种粮积极性的角度来讨论农民的利益补偿额度，每亩的补贴总额度应该达到179.5元，才能保证农民不会发生弃种、抛荒等现象。

（4）从农民的绝对收入角度来讲，提高绝对收入是十分必要的。

通过本章的分析，我们得出了一个关于对农户进行补偿的较为准确的额度值，为接下来制定相应政策提供了一定的参考。

第8章

已有利益补偿机制评价

我国在很早就意识到保障粮食安全的重要性，因此针对粮食出台过一系列政策，目的是确保粮食生产、流通等环节的稳定。从2000年开始，国家逐渐形成以比较利益优势为理论基础的粮食功能分区，由此又开始了以粮食主产区作为主要对象的一系列支持措施。

本章对新中国成立以来我国粮食相关政策的演变进行了简单梳理，明确当前阶段粮食政策的目标；之后通过分析正在实施的粮食主产区支持政策，找出现有政策产生的作用和存在的不足，结合粮食主产区实际情况，为构建完善粮食主产区的利益补偿机制提供参考。

8.1 粮食政策的演变发展过程

8.1.1 以发展工业为目的的粮食政策（1949—1978年）

新中国成立之初，百废待兴。出于对社会主义国家的排斥，西方强国对我国实行了较为严格的经济与政治封锁，我们必须依靠自身力量完成发展。发展的第一步是促进工业的发展，以中国当时的形式，缺乏最初的资本积累，只能依靠传统的农业部门发展。因此，最初的粮食政策是以转移农业产出，为工业发展提供资金支持以发展工业为目标的。为实现这一目标，1953 年，国家出台“粮食统购统销”政策，具体的做法是，农民按照国家要求的品种、数量、价格等生产粮食，并将粮食交售给国家，国家完全掌握粮食的收购、销售与价格确定等各个环节，并对城市居民实行计划供应。这种做法实质上是把粮食作为一种垄断商品，以低于其正常价值的价格进行出售，粮食身上附加的额外价值由此转移到工业产品上，压低粮食价格，变相提升工业产品价格的“工农业产品价格剪刀差”形成了。

粮食统购统销政策的实施为工业的快速发展提供了资金保证，我国经济开始迅速发展，但是，随之而来的问题也逐渐显露。粮食价格长期低于市场价格，粮食产业利润的大量流失为粮食进一步扩大种植面积、扩大产量带来了制约。为解决这一问题，1982 年的中央一号文件正式提出农村土地改革，实行家庭联产承包责任制。极大地促进了农民生产粮食的积极性，粮食产量得以飞速发展。

除了利用统购统销战略压低粮食价格，国家还通过农业税的方式二次转移农业利润。这一时期的农业税是我国财政的重要组成部分。1950 年，国家财政收入中来自农业税收收入占到 39%左右。

总的来说，1949 年至 1978 年，我国的粮食政策主要是为支持工业发展而制定的剥削农业剩余价值完成工业资本积累的政策。它的制定在一定程度上是对我国农业发展的制约，中国农业发展落后很大程度上来自那个时候。

8. 1. 2　以促进粮食增产、保障粮食产量为目的的粮食政策（1979—1993 年）

改革开放为中国经济注入一股新的活力，30 多年的“工农业产品价格剪刀差”机制使我国工业得到快速发展，工业体系基本建立。

这一阶段是我国农业改革的重要阶段。首先是提高粮食收购价格，国家数次提高粮食作物的统购价格，1979 年至 1981 年粮食价格累计约有 26. 8%的增幅。1985 年，国家对粮食实行定购合同，取消原有统购政策，定购品种为小麦、玉米、稻谷和大豆，定购价格按照七成超购价格、三成统购价格比例来确定，定购外的粮食则按市场价格收购，这一政策的实施为农民提供了粮食生产的自有选择空间，加之定购价格的不断提高，又一次提高了农民种粮积极性，自此，我国农产品与工业产品价格差距开始逐步缩小。农民种粮积极性提升后，粮食产量又一次大幅增长，为了防止农民有粮卖不出，国家于 1990 年出台了保护价收购制度和专项储备制度，国家粮食政策由最初的剥夺利润转向支持、补贴农业发展。由于国家长时期对粮食价格进行补贴，造成财政的巨大压力，粮食体制的改革又一次到来，1993 年，国家推出“保量放价政策”，在保留定购数量的基础上，全面放开粮食收购，自此，国家对粮食消费环节的补贴告一段落。

这一阶段，农业开始逐步降低利润流失率，但是工农业产品剪刀差仍然存在，国家对粮食领域的政策仍然是倾向于消费领域的支持。

8.1.3 以支持粮食流通环节为目的的粮食政策（1994—2000 年）

1994 年，国家正式成立粮食风险基金，用于粮食的宏观调控。1995 年，国家推出“米袋子”省长负责制，免去了中央政府的粮食压力。1997 年，实行“按保护价全面敞开收购农民余粮政策”，在多重激励下，粮食产量直线上升，市场粮价持续走低，造成的后果是国有粮食企业购销价格倒挂，亏损情况严重。

8.1.4 以支持粮食生产环节为目的的粮食政策（2001 年至今）

进入 21 世纪，我国农业面临诸多危机，从政府层面来讲，国家对棉粮油等农业产品的补贴导致财政压力巨大，从企业角度来讲，国有粮食企业亏损严重，从农民角度来讲，农民收入低、税负重。一场更大的农业改革正在酝酿之中。

2001 年，国务院《关于进一步深化粮食流通体制改革的意见》公布，国家粮食安全基本上形成了“主产区”“主销区”的粮食生产的区域分工格局。2004 年，农业税占各项税收的比例降至 1%，同年，温家宝总理在《政府工作报告》中提出，将在 5 年内取消农业税，自 2006 年 1 月 1 日起，农业税全部免除。2004 年，粮食直补机制与农资综合补贴机制开始运行，自此，针对粮食生产环节的补贴全面开启。2005 年，国家推出“产粮大县奖励政策”，对全国范围内的粮食生产大县给予资金奖励。为进一步减轻粮食主产区负担，2009 年中央一号文件明确提出“逐步取消主产区粮食风险基金配套”，至 2011 年全部取消。

8.2 现行补偿机制分析——政府补偿层面

8.2.1 产粮大县奖励政策

从 2005 年起，中央财政开始实施产粮大县奖励政策。评定是否获得奖励的标准由粮食播种面积（所占权重为 25%）、粮食产量（所占权重为 25%）与粮食商品量（所占权重为 50%）三个指标共同确定。根据 1998 年至 2002 年的数据计算结果，一个县的商品粮数量在 500 万千克以上，同时该县粮食平均产量在 2 亿千克以上，该县便符合奖励条件，可以获得奖励资金。若是不满足上述指标时，还有一种情况也可以申请产粮大县奖励，即该县粮食产粮可观，对当地粮食供求影响重大，对保障本地粮食安全做出贡献，若是符合此类情况，则可以由省级政府上报至财政部，纳入奖励范围。

中央财政负责将资金下拨至各个省级财政部门，然后由本省财政统一进行发放，自省级财政资金到账之日起，两周内务必拨付至县级财政，严禁挪用滞留。

8.2.2 政策效用评价

2013 年，财政部拨付产粮（油）大县奖励资金 319. 2 亿元，与 2012 年相比，增加 39. 2 亿元。截至 2013 年，产粮大县奖励资金的累计拨付额度为 1629. 2 亿元（见表 8-1）。

表 8-1　历年中央拨付产粮大县奖励资金额度　　单位：亿元

年份	2005	2006	2007	2008	2009	2010	2011	2012	2013
中央拨付资金总额	55	85	140	140	175	210	225	280	319.2

数据来源：中国农业信息网，http://www.agri.cn/。

产粮大县奖励政策直接作用于县级单位，奖励资金的使用途径并未予以限制，因此受奖励县可以自由支配这部分资金。超级产粮大县奖励资金则给出了较为明确的资金使用途径，主要应用于产业发展和粮食生产。奖励资金有效缓解了粮食主产区内产粮大县财政困难，弥补了产粮大县的部分损失。此外，产粮大县是否获得奖励要依赖粮食播种面积、粮食产量和粮食商品量三个因素，为了争取财政奖励必然要提高三个指标的总量，因而调动了地方政府的种粮积极性，对粮食增产起到了促进作用。

8.2.3　政策存在的问题

尽管产粮大县奖励政策对部分县级单位起到了促进粮食生产的积极效果，但是仍不足够，针对政府层面的利益补偿机制还有待完善。

(1) 缺乏省级层面的利益补偿。在我国，对地方政府可以划分为省政府、市或县政府。产粮大县奖励政策主要针对的就是县政府。但是，一是受到奖励的县只有一部分，仍然存在由于发展粮食而导致经济受损却未获得补偿的县；二是地方经济发展受限，当地的市（县）政府财政受损，所在省政府的财政也会受损。因此，对省级层面的利益补偿也是必要的。粮食主产省在获得利益补偿后，具备较强的灵活性，能够根据本省实际情况，合理支配资金去向，尽可能地从多个方面、对多个对象进行利益补偿。

(2) 利益补偿金额较低。2014 年，河南省下拨的产粮大县奖励资金总额为 36.4 亿元，按照第 5 章中的计算数据进行对比，差距非常大。当前仅依靠产粮大县的奖励资金无法弥补粮食主产省的利益损失。

8.3 现行补偿机制分析——农户补偿层面

8.3.1 政策简介

从2004年起，各类针对粮食生产者的支持政策开始出现，主要包括粮食的几种补贴政策与价格支持政策两方面。粮食补贴政策与价格支持政策的直接受益者均是农民，因此对于提高农民种粮积极性发挥了巨大的作用。价格支持政策主要是小麦、稻谷的最低价收购政策；粮食补贴政策主要包括直接补贴政策、良种补贴政策、农资综合直补政策、农机具购置补贴政策。从2007年开始，又增加一项农业保险补贴政策。

（1）粮食直接补贴政策。

2004年，财建第75号文提出，要建立对种粮农户的直接补贴机制。2004年，粮食主产省各地从风险基金中拿出100亿元，作为直接补贴的资金来源，补贴以农民的粮食播种实际面积为依据。每个省、自治区的粮食风险基金应该至少拿出40%以上用于当地的直接补贴，并且优先安排直补资金的应用。之后应逐年继续提高该比例，力争在3年之后使直接补贴占比超过粮食风险基金对半数。2011年，国家取消粮食风险基金主产区政府配套后，粮食直接补贴成为完全意义上的中央转移支付（见表8-2）。

表8-2 中央历年拨付粮食直补基金 单位：亿元

年份	2004	2005	2006	2007	2008	2009	2010	2011	2012	2013	2014	2015
拨付额度	116	132	142	151	151	151	151	151	151	151	151	151

数据来源：财政部官网。

（2）良种补贴政策。

2009年，财农第244号文件指出，中央政府提出良种补贴政策，并设立良种补贴资金。农作物良种的具体品种由国家根据市场前景、农业需求等方面进行确定。当农户在某一地区选择某种符合国家良种要求的品种进行种植时，便可以得到良种补贴。良种补贴政策的目的是：首先，可以保障农地良种的使用率，提高粮食产量；其次，可以对某些农作物品种进行有效推广；最后，通过补贴增加农民每亩收入，间接起到促进农民种粮积极性的作用。农作物良种补贴最初仅有大豆 1 个品种，2013 年时补贴的范围扩大到水稻、玉米、小麦、棉花等 10 个品种。2015 年，大豆、油菜、小麦、玉米和青稞 5 类良种补贴额度为 10 元/亩。新疆地区对各类良种的补贴额度与此有部分出入。

中央对于良种补贴的支持力度也在不断增加，2004 年，中央拨付的良种补贴资金为 28. 5 亿元，到 2015 年时，良种补贴资金为 212 亿元，比 2004 年高 7. 44 倍。

（3）农资综合补贴政策。

农资综合补贴全称为农业生产资料综合补贴，含义是当农民进行农业生产时，需要购买各类农业生产资料（主要指种子、柴油、化肥、农业机械），国家对这部分农业支出予以补贴，补贴资金直接发放至农民手中。近年来，由于农业生产所需的各类生产资料价格上涨较快，对农民收入存在挤压，为了保障农民收入稳定、保障粮食安全的微观基础，农资综合补贴是十分必要的。农资综合补贴资金全部由中央承担，经由粮食风险基金专户途径一次性拨付至地方政府。

财政部、农业部最新公布的《关于调整完善农业三项补贴政策的指导意见》决定，调整农资综合补贴标准，自 2015 年起农资综合补贴按原标准的 80%发放。中央财政提前下达至地方政府的农资综合补贴中，拿出其中的 20%，与现有的“三项补贴”增量资金、种粮大户试点资金一起，统筹用于支持粮食适度规模经营。

表 8-3 是中央政府历年拨付的农资综合补贴资金额度，从 2006 年的 120 亿元增加至 2015 年的 1071 亿元，可见我国密切关注成本上涨对农业的影响，不断调整农资综合补贴额度，以保护农民种粮积极性。

表 8-3　中央历年拨付农资综合补贴资金额度　　单位：亿元

年份	2006	2007	2008	2009	2010	2011	2012	2013	2014	2015
中央拨付农资综合补贴基金	120	276	716	795	835	835	1078	1071	1071	1071

数据来源：财政部官网。

以河南省为例，每亩土地上的农资综合补贴额度整体也在不断增加中，这种势头一直持续到2015年国家调整政策，农资综合补贴按原标准的80%发放（见表8-4）。

表8-4 河南省每亩农资综合补贴资金 单位：元

年份	2007	2008	2009	2010	2011	2012	2013	2014	2015
每亩补贴	26.24	45.08	67.7	65.72	78.39	96.73	96.74	96.74	82.8

数据来源：河南财政局官网。

（4）农机购置补贴政策。

2004年，农机购置补贴政策被设立。2005年，中央设立农业机械购置专项补贴资金。当农业集体组织或者农户个体购买某些国家推广的农机类型时，便会给予一定的补贴，通常补贴的额度不高于该机械价格的30%。开展农机购置补贴政策具有如下积极作用：首先，能够有效推进农业机械化，加速农业现代化；其次，能够提高农业综合生产能力，提高效率；最后，能够减轻农民负担，变相提高其收入水平。

2004年农机购置补贴政策实施之初，共划拨资金0.7亿元，在66个县进行开展。之后，中央不断提高补贴资金规模，扩大补贴范围，截至2015年，已累计安排1435.07亿元（见表8-5）。

表8-5 中央历年农机购置补贴拨付额度 单位：亿元

年份	2004	2005	2006	2007	2008	2009	2010	2011	2012	2013	2014	2015
拨付额度	0.7	3	6	20	40	130	154.9	175	204.9	217.5	236.45	236.45

数据来源：财政部官网。

（5）最低收购价制度。

2004年，我国全面放开粮食收购市场和收购价格。随着粮食产量不断增加，粮价面临下行的压力。为避免谷贱伤农，保障粮食供应，国家分别在2004年、2006年开始对重点区域的稻谷、小麦两个粮食品种实行最低收购价政策。最低收购价格指的是粮食品质属于国标三等的粮食的最低收购价格，国家委托国有粮食企业进行收购，并对企业在收购、存储以及售卖阶段发生的费用以及买进与卖出的价格差予以补贴。

从2008年至2015年，国家连续7年提高最低收购价格，以应对粮食生产成本上升较快的情况。2014年，小麦最低收购价格比2006年整体上涨了167%，稻谷最低收购价格几乎是2004年的2倍。2015年国家粮食最低收购价格与2014年持平，2016年，国家明确将继续执行粮食最低收购价格，并且公布小麦与上年收购价格持平，稻谷暂未公布。

表8-6 小麦与水稻历年最低收购价格

单位：元/千克

品种	小麦			水稻		
	白小麦	红小麦	混合麦	早籼稻	中晚籼稻	粳稻
执行范围		河南、河北、山东、安徽、江苏、湖北		湖南、湖北、安徽、江苏、广西	黑龙江、吉林、辽宁、河南、安徽、江苏、湖北、湖南、江西、四川、广西	
2004年	—	—	—	1.4	1.44	1.5
2005年	—	—	—	1.4	1.44	1.5
2006年	1.44	1.38	1.38	1.4	1.44	1.5
2007年	1.44	1.38	1.38	1.4	1.44	1.5
2008年	1.54	1.44	1.44	1.54	1.58	1.64
2009年	1.74	1.66	1.66	1.6	1.84	1.9
2010年	1.8	1.72	1.72	1.8	1.84	1.9
2011年	1.9	1.86	1.86	2.04	2.14	2.56
2012年	2.04	2.04	2.04	2.4	2.5	2.8
2013年	2.24	2.24	2.24	2.64	2.7	3
2014年	2.36	2.36	2.36	2.7	2.76	3.1
2015年	2.36	2.36	2.36	2.7	2.76	3.1
2016年	2.36	2.36	2.36	未公布	未公布	未公布

数据来源：历年国家发展和改革委员会颁布的相关文件。

8.3.2 政策满意度实证分析

在本小节与接下来的第8.3.3节中，我们运用从河南省调研的农户微观数据，对农户层面的利益补偿政策进行分析。所用数据与第7章中数据来源一致，均出自同一次实地调研，在删除部分无效问卷后，得到1815份有效问卷。问卷中采用李克特量表的形式对各类补偿政策进行测度，每个题目共划分为“非常满意”“满意”“一般”“不满意”“非常不满意”五个选项，在计算时依次赋予“5”“4”“3”“2”“1”的得分。

表8-7显示的是不同种植规模的农户对各项补贴政策的满意程度。这里，耕作规模是指农户家庭中真实粮食种植面积的总数，是自营地数量与流转土地数量的和。从全体样本角度来看，农户对粮食直接补贴政策的满意度最高，平均得分为3.63分，对小麦最低收购价政策的满意度最低，平均得分为3.27分，并且不论处于哪一类种植规模的农户均符合上述情况(仅在15~20亩的农户群体中，粮食直接补贴政策的满意度为第二高)。从农户耕作规模角度来看，随着耕作土地面积的不断增加，农户对各类补贴政策的满意程度都会经历一个先上升再下降的过程。良种补贴满意度、农资综合补贴满意度、粮食直补满意度、小麦最低收购价政策满意度、补贴总额满意度这五种补贴政策在耕作规模为10~15亩的农户中满意度达到最高，是不同规模农户满意度变化的拐点；农机具购置补贴满意度在耕作规模为15~20亩的农户群体中达到最高，是不同规模农户中农机具购置满意度变化的拐点。

总的来看，对当前的利益补偿政策感到最满意的群体是耕作面积为10~15亩的农户群体，平均满意度为3.77，其次是5~10亩耕作规模的农户，平均满意度为3.44。对各项补贴政策感到最不满意的群体是耕作规模在20亩以上的农户，良种补贴满意度、农资综合补贴满意度、粮食直补满意度、小麦最低收购价政策满意度、补贴总额满意度这五种补贴政策的满意度都是倒数第一，其中良种补贴和补贴总额度的满意程度得分分别为2.89分与2.70分，也就是说，对这两项政策表达出明确的不够满意态度。规模为20亩以上的农户群体在对农机具购置补贴满意度方面表现中等，不再是最后一名，这与农机具购置补贴本身有关，一般农户尤其是耕作面积较小的农户购买农机的概率较低，因此获得该项补贴的概率也较小。

表 8-7 不同耕作规模农民的粮食政策满意度

粮食种植面积	人数	良种补贴满意度	农机具购置补贴满意度	农资综合补贴满意度	粮食直补满意度	小麦最低收购价政策满意度	补贴总额满意度	均值
2 亩以下	241	3.48	3.21	3.23	3.51	3.17	3.27	3.31
2~5 亩	874	3.52	3.28	3.32	3.50	3.27	3.35	3.37
5~10 亩	547	3.56	3.33	3.40	3.64	3.28	3.44	3.44
10~15 亩	66	3.97	3.42	3.67	4.05	3.73	3.76	3.77
15~20 亩	19	3.3	3.7	3.45	3.6	3.1	3.25	3.4
20 亩以上	63	2.89	3.39	3.22	3.45	3.08	2.70	3.12
总计	1810							
均值		3.45	3.39	3.38	3.63	3.27	3.30	3.40

8.3.3 模型变量与结果分析

各类惠农政策的出台，主要目的在于提高农民收入、增加农民种粮积极性、提高粮食生产水平。提高农民收入可以从农民获得的补贴金额上直观地观察到，因此不再做详细探讨。接下来我们将重点分析各类惠农政策对农户粮食增产的影响效果。

（1）模型与变量选择。

本研究的因变量为粮食总产量，是一个数值变量。自变量包含个体因素、土地因素和补贴政策因素，本研究认为上述三类因素较为全面地解释了影响粮食总产量的原因。经过皮尔森相关性系数检验，可知，两个模型的变量间均不存在共线性。DW 检验结果表明，残差服从正态分布。因此，本研究选择多元线性模型对影响粮食总产量的因素进行回归分析。模型变量及定义见表 8-8。

表 8-8 模型变量及定义

变量名称	变量定义	变量类型
粮食总产量	一年中小麦总产量与玉米总产量的和，单位：吨	数值变量
male	性别。male=1，代表男性；male=0，代表女性	虚拟变量
age	年龄	数值变量

续表

变量名称	变量定义	变量类型
edu	受教育程度。文盲=0，小学=5，初中=8，高中=11，大专及以上=15	数值变量
自营地数量	农户所在家庭分得的土地数量，单位：亩	数值变量
流转	农户所在家庭土地流转数量，流转入土地为正，流转出土地为负	数值变量
小麦亩产	小麦每亩产量，单位：吨	数值变量
玉米亩产	玉米每亩产量，单位：吨	数值变量
良种	良种补贴政策满意度，非常满意为5，比较满意为4，一般为3，不满意为2，非常不满意为1	虚拟变量
农机具购置	农机具购置补贴满意程度，非常满意为5，比较满意为4，一般为3，不满意为2，非常不满意为1	虚拟变量
农资综合	农业生产资料综合补贴满意度，非常满意为5，比较满意为4，一般为3，不满意为2，非常不满意为1	虚拟变量
粮食直补	粮食直补政策满意度，非常满意为5，比较满意为4，一般为3，不满意为2，非常不满意为1	虚拟变量
小麦最低价	小麦最低收购价政策满意度，非常满意为5，比较满意为4，一般为3，不满意为2，非常不满意为1	虚拟变量
补贴额度	粮食补贴总额满意度，非常满意为5，比较满意为4，一般为3，不满意为2，非常不满意为1	虚拟变量
政府	政府服务态度满意度，非常满意为5，比较满意为4，一般为3，不满意为2，非常不满意为1	虚拟变量
企业	相关农业公司服务态度满意度，非常满意为5，比较满意为4，一般为3，不满意为2，非常不满意为1	虚拟变量

i代表模型中的各个样本，i取值为1~1815；令Y_i表示因变量，即粮食总产量；X_{ij}表示自变量，其中j代表不同自变量，j取值为1~13。

则：
$$Y_i=\alpha_i+\sum\beta_jX_{ij}+\varepsilon_i \tag{8-1}$$

其中，α_i为截距项，β_j为自变量的系数，ε_i为误差项。

根据已有文献，本研究把影响粮食总产量的因素归结为四个部分：第一部分，农户个体因素，包括受调查农户的性别、年龄与受教育程度；第二部分，农户自营地与土地流转数量，这部分与粮食产量直接相关；第三部分，本书要研究的各类针对农户的补偿政策对农户粮食产量的影响，包括良种补贴满意度、农机具购置补贴满意度、农资综合补贴满意度、粮食直补满意度、小麦最低收购价政策满意度、补贴总额满意度；第四部分，农户对政府与农业相关企业的服务态度满意度。

（2）结果分析。

模型运用 SPSS20.0 进行分析。由于不同规模耕作面积的农户在各个补贴政策满意的表现会经历一个先上升后下降的过程，接下来我们把样本数据按照满意度拐点分为两部分，分别进行样本回归，一个是耕作土地量小于等于 15 亩的样本集，另一个是耕作土地数量大于 15 亩的样本集合。通过两次模型回归，分析不同规模农户粮食总产量对补贴政策的反应。

两个模型的方差检验 F 值分别为 285.911 和 4.115，P 值均为 0.000，则两个模型能够被估算出，均存在不为 0 的自变量系数。经过皮尔森相关性系数检验，可知，两个模型的变量间均不存在共线性。在土地规模小于等于 15 亩的样本回归结果中，模型能够解释出总平方和的 71.7%；在土地规模大于 15 亩的样本回归中，模型能够解释出总平方和的 48.3%。此外，利用全样本回归的结果与上述两个子样本回归结果进行对比。所得结果见表 8-9。

土地耕作规模小于等于 15 亩的样本集合，共有样本 1728 个。常数项回归结果显著。农户个体层面变量均表现显著，male 的系数为正，表明男性更倾向于增加粮食产量，年龄与粮食总产量也呈正向显著性相关，受教育程度与粮食总产量亦呈正向显著性相关。自营地数量与流转土地数量之和，为样本农户可供耕作的面积，小麦亩产与玉米亩产代表二者的单位面积产量，上述四个变量数值越大，粮食的总产量就越高，因而这四个变量与粮食总产量呈显著正相关。农机具购置补贴满意度与粮食总产量成反比，这可能与农机具补贴本身有关，前文已经论述过，只有购买某些类型农业机械的农户才能获得该项补贴，但是耕地保有量较小的农户中，大部分人并未有享受过农机具购置补贴，随着耕地保有量不断提高，对农机具的需求也在增大，购买农机具的欲望也会增强，因此表现出对农机购置补贴的不满。农资综合补贴与补贴总额度的满意度对粮食总产量的影响呈显著正相关，农资综合补贴满意度与补贴总额度满意度的升高，会带来粮食总产量的增加。

表 8-9 三个样本集的回归结果

	亩数≤15		t	Sig.	亩数>15		t	Sig.	全样本		t	Sig.
	系数	标准误差			系数	标准误差			系数	标准误差		
（常量）	-2.702***	0.271	-9.971	0.000	-755.931	562.978	-1.343	0.184	-28.665	17.801	-1.610	0.108
male	0.255***	0.092	2.783	0.005	48.630	161.271	0.302	0.764	2.834	6.060	0.468	0.640
age	0.009***	0.002	3.885	0.000	-5.917	6.183	-0.957	0.342	-0.068	0.154	-0.440	0.660
edu	0.034**	0.014	2.420	0.016	82.674***	23.792	3.475	0.001	2.307**	0.924	2.496	0.013
自营地数量	0.803***	0.014	58.341	0.000	1.742	2.330	0.748	0.457	2.578***	0.328	7.871	0.000
流转	0.582***	0.026	22.794	0.000	1.391	1.048	1.327	0.189	1.466***	0.202	7.265	0.000
小麦亩产	3.490***	0.433	8.051	0.000	1695.016**	725.633	2.336	0.023	25.625	28.529	0.898	0.369
玉米亩产	1.083***	0.220	4.913	0.000	-408.580	413.627	-0.988	0.327	6.841	14.494	0.472	0.637
良种	-0.031	0.057	-0.544	0.587	238.151***	64.628	3.685	0.000	6.615*	3.660	1.807	0.071
农机具购置	-0.215***	0.054	-3.950	0.000	63.000	68.856	0.915	0.364	0.017	3.527	0.005	0.996
农资综合	0.144***	0.056	2.584	0.010	-244.188**	103.049	-2.370	0.021	-6.295*	3.679	-1.711	0.087
粮食直补	-0.020	0.056	-0.367	0.714	77.946	86.645	0.900	0.372	1.364	3.681	0.371	0.711
小麦最低价	0.013	0.051	0.262	0.793	159.272*	85.161	1.870	0.066	-1.720	3.372	-0.510	0.610
补贴额度	0.186***	0.059	3.165	0.002	-132.123*	75.090	-1.760	0.083	-6.615*	3.830	-1.727	0.084
政府	-0.054	0.056	-0.973	0.331	-501.883***	103.429	-4.852	0.000	-6.314*	3.677	-1.717	0.086
企业	-0.027	0.053	-0.507	0.613	211.098***	74.958	2.816	0.006	9.390***	3.443	2.727	0.006

注：* 代表 10%水平上显著，** 代表 5%水平上显著，*** 代表 1%水平上显著。

土地耕作规模高于 15 亩的样本集内共包含 82 个样本。农户个体变量中，受教育程度与粮食总产量呈显著正相关，粮作农民的受教育程度越高，所在家庭的粮食总产量就越高。自营地数量与流转土地数量表现均不显著，这可能是由于耕作规模较大的农户土地来源各不相同，导致两个变量对粮食总产量的影响不显著。小麦亩产对粮食总产量呈显著正相关，而玉米亩产对粮食总产量影响不显著，这与种粮大户选择的农作物耕作品种有关，所有土地大于 15 亩的农户几乎都会耕种小麦，但不一定选择耕种玉米。良种补贴满意度与小麦最低价收购政策满意度对粮食总产量均呈显著正相关。农资综合补贴满意度与粮食总产量呈显著负相关，在排除变量共线性影响与变量单位选取影响后，可能与缺乏某些自变量相关，在这里可以理解为，越是种粮大户，越是投入更多的农资成本，因而对农资综合补贴满意程度越容易不满足。政府服务态度满意度与粮食总产量满意度呈显著负相关，这与常识不符，此处也可以理解为种粮大户对政府服务的要求较高。企业服务态度的满意度与粮食总产量呈显著正相关。

（3）小结。

通过对影响粮食总产量的各个因素进行回归分析，可知，对于耕作规模在 15 亩以下的农户而言，随着农资综合补贴与补贴总额度满意度的提高，农户粮食总产量也不断提高。对于耕作规模在 15 亩以上的农户来说，良种补贴政策与小麦最低收购价政策的满意度提高，则粮食总产量也相应提高。

总的来说，良种补贴政策、农资综合补贴政策、小麦最低收购价政策以及补贴的总额度至少能对一部分或全部农户起到促进粮食生产的作用。农机具购置补贴由于其自身的特点，在促进粮食产量方面的表现不显著。粮食直补政策对粮食总产量的增加影响也不显著，这可能与粮食直补政策仅与农户种植面积挂钩、补贴对象不具备明确性有关。

值得注意的是，不论是什么规模的农户，其受教育程度的提高，均能够促进粮食总产量的增加。

8.3.4 政策存在问题分析

（1）政策满意度方面。

第一，大规模耕作群体对补贴政策满意度较低。农户对现行几项补贴政策的满意度是随着自身耕作规模而变化的，对当前的利益补偿政策感到最满意的群体是耕作面积为 10~15 亩的农户群体，感到最不满意的群体则是规模在 20 亩以上的农户。依据农业部总工程师钱克明（2014）的研究可知，北方达到规模经营的面积至少要在 60 亩以上，那么当前的补贴政策尚无法满足规模经济的农户需求。

第二，小麦最低收购价政策满意度最低、执行力差。最低价收购政策的出台，目的是保障农民卖粮价格，而眼下这一指导性价格却没有发挥出应有的作用。2016 年，河南省小麦最低收购价格标准为 2. 36 元/千克，而实际上，在所调查的农户中，小麦销售价格低于该标准的情况占到 74. 8%以上，约 5. 6%的农户按照这一指导价格销售掉自家小麦，小麦最低收购价格的执行效果不佳。

（2）政策作用方面。

第一，粮食直接补贴政策的作用性较差。从 2004 年粮食直接补贴确立至今，每亩土地上的粮食直接补贴额度平均在 15 元左右，且最高不超过 20 元，最低时仅有 10 元。第六次人口普查显示，河南省乡村人口数量为 5781 万，2013 年河南省耕地面积为 8140. 7 千公顷，乡村人员平均每人仅有 2. 11 亩土地。依据笔者在 2015 年对河南省进行的一份调查，一个家庭中耕地拥有数量大部分都在 10 亩以下。由此可以推断，来自粮食直接补贴的转移支付是非常低的，土地拥有量不超过 10 亩的家庭，粮食直接补贴收入至多不会超过 200 元。粮食直接补贴的依据是农户是否对本块土地进行耕种，我们可以做如下理解：种粮农户一定能拿到他所耕作土地上的粮食直接补贴资金；但是，能够获得相应的粮食直接补贴资金并不是促使农民进行粮食种植行为的唯一因素，相反，由于粮食直接补贴额度相对粮食每亩收益（2008—2014 年，三种粮食平均收益为 131. 5 元每亩）、农民人均纯收入等来说非常低，因此它能起到的影响农户种粮行为的作用较小。而农机购置补贴、良种补贴、农业保险补贴等粮食补贴政策与粮食直接补贴政策存在区别。虽然每亩土地上的补贴额度也很小，但是农机购置补贴、良种补贴、农业保险保费补贴政策的制定是针对农户在种粮过程中的行为决策。农户在确定种粮并且正在种粮的过程中，面对是否购置农机、是否采用良种、是否参加农业保险等决策时，所要权衡的东西仅限于某一项决策的成本以及对应补贴政策的额度，以良种补贴为例，农户决定采用优质粮种进行播种时，每亩需要额外花费的成本相较于普通粮种来说仅高出数十元，此时，每亩地 10~15 元的良种补贴资金便显得十分可观。综上所述，我们可以得出这样的结论，粮食直接补贴政策的作用效果较差，因为它不能有力地影响农户的决策朝着政府期待的方向制定。当前额度较低的粮食直接补贴政策某种意义上类似于“向水缸中撒了一丁点儿胡椒面”，对农民来说，这份收益“无关痛痒”。因此，未来，有必要针对粮食直接补偿机制做出一些改变，扩大其对农户的影响，以便更好地发挥该项政策的作用。

第二，农户层面的利益补偿政策总额度偏低。从微观角度分析，当前，以家庭为单位的农户耕作规模大都处于中小规模，因此来自粮食耕作的收益总量较低，此时通过政府的各类补贴政策带来的收入便显得比较重要，农户粮食总产量会受到获得补贴金额大小的影响，两者呈正相关关系，因此，继续提高部分补贴政策的补贴额度，提高总补贴金额对保障农民种粮积极性效果明显。通过对比第 7 章中的测算结果，当前对农户的补贴还存在很大的增长空间。从宏观角度分析，引入%PSE 指标［又名衡量农业生产者补贴水平的相对指标，是生产者支持估计（PSE）占农业总收入（即以生产者价格计算的农产品产值加上对生产者的财政预算支持）的比率，反映了农业总收入中来自农业支持政策作用的份额，亦称其为“农业补贴率”］，运用%PSE 衡量一国对农业的补贴支持力度。我国现代农业补贴制度起步较晚，仍处于发展阶段，农业居于弱势地位，我国农业补贴率在 2005—2012 年整体处于上升状态，最高为 16.8%。观察美国、欧盟、加拿大以及澳大利亚等发达国家的农业补贴水平，从农业发展水平不高到农业发展水平不断趋于市场经济的过程中，农业补贴率要历经一个先上升再下降的过程，其补贴最高峰时期的农业补贴率一般在25%以上。因此，相对于国际上对农业的保护政策轨迹来说，我国农业补贴率还处于上升期，未来应该继续增加农业补贴率。

8.4 现行补偿机制的资金来源分析

8.4.1 政策简介

当前，产粮大县奖励资金由中央拨付，省级产粮大县奖励由本省拨付，农户层面的补贴资金由粮食风险基金、中央财政进行拨付。总的来说，当前对主产区的各类利益补偿政策资金主要来源中央财政，少部分仍由主产区财政承担。主产区承担的这部分补偿资金在省的范围内产生了流动，一般是从省级财政转移至地方财政。现有的提供利益补偿资金专门途径有粮食风险基金、农业机械购置专项补贴资金、良种补贴资金。

8.4.2 政策效果

粮食风险基金、农业机械购置专项补贴资金、良种补贴资金基金建立以来，从提供粮食专项补贴资金、保障粮食安全、稳定市场等方面效果明显。粮食风险基金减轻了主产区为农户配套资金的责任，补贴专项基金的建立使补贴资金来源明确。

8.4.3 政策存在的问题

利益补偿资金来源范围狭窄。现有的关于粮食主产区的利益补偿政策所需的资金来源主要有两方面：一方面来源中央财政拨付，这也是主要来源渠道，另一方面由粮食生产省财政进行少部分拨付。粮食主产区大量生产粮食，本身存在利益损失，与之对应的则是获益方。由第2章与第4章内容可知，获益方不仅包括中央政府，还包括因缩减耕地面积、减少粮食产量而获益的粮食主销区。因此，将粮食主销区纳入利益补偿资金的供应方是十分必要的。

8.5 本章小结

本章对新中国成立以来我国主要的农业补贴政策进行梳理，对当前正在实施的对粮食主产区提供利益补偿的政策进行分析，找出其产生的作用以及存在的不足，得出如下结论：

（1）我国政策现状。

①我国农业补贴政策历经了四个主要阶段：以发展工业为目的的粮食政策阶段（1949—1978 年）；以促进粮食增产、保障粮食产量为目的的粮食政策阶段（1979—1993 年）；以支持粮食流通环节为目的的粮食政策阶段（1994—2000 年）；以支持粮食生产环节为目的的粮食政策阶段（2001 年至今）。

②我国现在运行中的粮食主产区利益补偿机制主要有：粮食风险基金制度、产粮大县奖励制度、粮食最低收购价政策、种粮农民直接补贴政策、良种补贴政策、农机具购置补贴政策、农资综合直补政策、农业保险补贴政策。

（2）现有政策效果评价。

①产粮大县奖励政策有效缓解了粮食主产区内产粮大县财政困难，弥补了产粮大县的部分损失。此外，为达到产粮大县奖励入围标准，间接调动了地方政府的种粮积极性，对粮食增产起到了促进作用。

②随着耕作土地面积的不断增加，农户对各类补贴政策的满意程度都会经历一个先上升再下降的过程，耕作规模为 10~15 亩的农户是满意度变化的拐点。

③对于耕作规模在 15 亩以下的农户而言，随着农资综合补贴与补贴总额度满意度的提高，农户粮食总产量也不断提高。对于耕作规模在 15 亩以上的农户来说，良种补贴政策与小麦最低收购价政策的满意度提高，则粮食总产量也相应提高。

④良种补贴政策、农资综合补贴政策、小麦最低收购价政策以及补贴的总额度能对一部分或全部农户起到促进粮食生产的作用。农机具购置补

贴由于其自身的特点，在促进粮食产量方面的表现不显著。粮食直补政策对粮食总产量的增加影响也不显著。

⑤粮食风险基金、农业机械购置专项补贴资金、良种补贴资金基金建立以来，从提供粮食专项补贴资金、保障粮食安全、稳定市场等方面效果明显。

（3）现有政策存在问题。

①利益补偿对象——政府角度，缺乏省级层面的利益补偿政策。在我国，地方政府可以划分为省政府、市或县政府。产粮大县奖励政策主要针对的就是县政府。对省级层面的利益补偿也是必要的，但当前并无相应补偿机制。

②利益补偿对象——农户角度，大规模耕作农户群体对补贴政策满意度整体较低。

③利益补偿金额角度，补偿额度较低。从政府层面的利益补偿进行分析，仅有产粮大县奖励政策一项，且奖励总额度远低于主产区所在省份遭受的损失。从农户利益补偿角度分析，通过对比第 7 章中的测算结果，当前对农户的补贴还存在很大的增长空间。从国家对农业的总投入角度来看，我国未来还应继续增加农业投资额度。

④政策执行方面——小麦最低收购价政策满意度最低、执行力差。最低价收购政策的出台，目的是保障农民卖粮价格，而眼下这一指导性价格却没有发挥出应有的作用。

⑤政策执行方面——粮食直接补贴政策的作用性较差。粮食直接补贴政策的作用效果较差，因为它不能有力地影响农户的决策朝着政府期待的方向制定。当前额度较低的粮食直接补贴政策某种意义上类似于“向水缸中撒了一丁点儿胡椒面”，对农民来说，这份收益“无关痛痒”。

⑥利益补偿资金来源角度——资金来源范围狭窄。粮食主产区大量生产粮食，由此获益的不仅包括中央政府，还包括缩减耕地面积、减少粮食产量的粮食主销区。因此，应该将粮食主销区纳入利益补偿资金的供应方。

第9章

完善粮食主产区利益补偿机制

9.1 粮食主产区利益补偿机制的目标

现行的粮食主产区利益补偿机制以支持农业发展、强调产量稳定为首要目标，忽略了粮食主产区经济发展的需求，粮食主产区与主销区存在着责任与利益的不均衡。因此，在制定粮食主产区利益补偿目标时，应考虑到这些问题。

9.1.1 近期目标

(1) 弥补主产区利益流失。

粮食主产区面临的利益流失是多方面的。从土地的使用方面来说，由于18亿亩耕地红线政策，粮食主产区内大部分土地被严格限制了使用用途，耕地无法用于除粮食作物以外的其他农作物的种植，更无法用于商业、建设等用地，造成了土地方面的巨大机会成本。此外，粮食主产区的粮食种植被上升到政策性层面，主产区内的资源配置也倾向于为农业发展服务，限制了当地经济发展，因此，粮食主产区所在地工业化与城镇化发展水平往往低于平均水平。综上所述，弥补粮食主产区的利益流失成为粮食主产区利益补偿机制的首要目标。

第一，弥补粮食主产区政府的财政收入损失。耕地的“非粮化”使用往往是不可逆的，因此，保障现存的用于粮食耕作的土地显得十分重要。粮食主产区拥有大量的可耕地资源，十分宝贵，企图对这部分耕地进行用途转移显然是不可取的，也不符合全国层面的资源最优配置，因此，需要运用利益补偿的手段，对主产区存在的利益流失进行补偿，以保障粮食主产区的经济利益，保障主产区政府层面的种粮积极性。

第二，弥补主产区政府的农业发展资金损失。粮食主销区所在地并未担负起应有的粮食安全责任，因此，省域内对于农业方面的综合投资通常是依据财政状况与实际需求而定，不会存在过分的付出。相对而言，粮食主产区单就粮食生产一环，为了保障粮食安全、保障粮食产量稳步上升，需要对农业的基础建设等相关领域投入大量的人力、物力、财力，尽管中央每年拨付大量的转移资金，仍然不能满足主产区的农业投入需要。因此，进一步提升主产区各项支持力度，减轻主产区各项资金的配套额度（尤其是农业方面），是粮食主产区利益补偿机制应当关注的环节之一。

(2) 为主产区发展注入动力。

仅针对粮食主产区的利益流失进行资金方面的补偿，一方面，补偿额度无法使主产区达到抛开粮食生产责任后所能达到的经济水平；另一方面，国家财政有限，在经济不断发展的情况下，主产区面临的利益流失也在不断增加，所需的补偿资金也会不断增多，长此以往将成为国家财政的沉重负担。只有让粮食主产区在承担粮食生产的同时，经济随着国家发展同步发展，才能实现主产区内的双赢。依赖于利益补偿弥补自身损失的方法只能暂时缓解主产区的问题，不能真正解决问题。

为此，粮食主产区的利益补偿机制应该包括促进主产区经济发展的相关政策、措施。通过各种手段，激活主产区的经济快速发展，给予各类经济发展方面的政策支持，诸如“中原经济区”的建设，定位是“国家重要的粮食生产和现代农业基地，全国工业化、城镇化、信息化和农业现代化协调发展示范区，全国重要的经济增长板块，全国区域协调发展的战略支点和重要的现代综合交通枢纽”，为以河南省为中心，囊括山东西南部、安徽西北部、河北南部等的粮食主产区地区带来经济增长的新动力。

（3）提高主产区政府与农户的种粮积极性。

粮食安全对中国的方方面面意义重大，不论从近期还是远期都要确保粮食安全，保障粮食产量一定比率上的自给率。在现有耕地情况下，保障粮食安全的重点是保障粮食主产区政府层面与农户层面的种粮积极性。

从粮食主产区政府层面来讲，尽管出于“米袋子”省长负责制以及“耕地红线”等政策措施的高压，主产区政府层面一直在大力发展粮食生产，也取得了显著的成效，但是，土地用于工商、建筑等用途时，从开发到使用的各个环节给当地政府带来的财政收益是巨大的，导致主产区政府亦缺乏保护耕地的动力，占用耕地、以质量差的土地顶替质量高的耕地等现象时有发生，耕地一旦挪作他用，复耕的成本将是非常巨大的，长此以往也将造成主产区粮食生产能力的下降，造成优质耕地不断流失。

从粮食主产区农户层面，情况则显得更为严峻。随着国家工业化与城镇化的不断推进，为农民工创造了大量的就业机会，农户兼业化现象十分普遍。根据2014年的调查，农民纯收入中，来自工资性的收入已成为第一大收入来源，占到了总收入的一半左右。2004年农业税取消后，农民再没有理由被强制种植自家土地，与此同时，外出务工的机会成本较大，导致农民弃种现象日益严重，从根本上对粮食生产造成威胁。

因此，粮食主产区的利益补偿政策应有意识地针对保护粮食主产区政府与农户的种粮积极性制定相应政策。

9.1.2 长期目标

除了上述通过短期时间即可达到的目标，粮食主产区利益补偿政策还应该关注长期应达到的目标，做到政策、经济、粮食安全的长期可持续发展。

（1）保障粮食安全。

保障粮食安全是主产区利益补偿政策的根本目标之一，也是短期与长期都要实现的目标。保障粮食安全，从短期来看，要保护现有耕地面积，保障粮食主产区政府与农户层面的种粮积极性；而从长期来看，要依靠提高单位面积的粮食产量，提高粮食产出效率来保障粮食产出，保障粮食安全。

提高粮食产出效率可以从以下三个方面进行：第一，是提高耕地的利用效率，把耕地尽可能地集中化，形成大面积耕地，减少甚至去除大量的乡间小路、地块间隔等占地，使耕地的利用效率更高，变相地增加耕地数量；第二，是提高耕地的机械化水平，开展大规模机械化作业，提升农业现代化装备，降低单位面积耕地上的用人量，以达到释放劳动力、提高粮食生产效率的目的；第三，是提高单位面积粮食产量，单位面积粮食产量的提高依赖科技力量的研发投入，因此国家应该继续加大对农业科技领域的投入，重点扶植主产区科研机关单位，积极开展试点，研发粮食增产相关技术。

只有切实提高粮食产出效率、提高耕地利用效率，粮食主产区才能缓解粮食生产的压力，国家才能享受到长久的粮食安全保障。

（2）实现粮食主产区经济良性循环发展。

粮食主产区由于发展粮食生产，导致经济利益的大量流失，财政收入水平低下，反过来又影响当地对于基础设施建设、改善民生、发展经济等投资力度，如此反复，陷入恶性循环之中。由于粮食生产的外部性，必须借由中央政策之力，才能有效介入，使粮食主产区免于经济与财政的恶性循环。

通过资金的转移支付对粮食主产区进行利益补偿，只能起到缓解主产区压力的作用，并不能从根本上改变主产区面临的经济、财政、人民生活水平较低等各项问题。单纯利用资金补贴的形式、强调补贴资金往农业用途使用的补贴形式，是对主产区的“输血”性补偿，却无法改变主产区“继续失血”的现象，粮食生产对于主产区来说仍然是利益流失的“失血点”。

因此，粮食主产区利益补偿机制应该在补偿利益的同时，把目标瞄准促进当地经济发展的措施，使得主产区获得发展动力，才能不断地迸发活力，在长期达到经济发展进入良性循环的目的。一方面，继续推进工业化与城镇化的发展，创造更多的岗位用来吸收农村释放出的劳动力，强化工业化对农业的反哺作用；另一方面，加强粮食主产区内的农业现代化发展路径，推广农业机械化、发展高效农业，解放生产力。总之，要统筹工业化、城镇化与农业现代化的发展，统筹三次产业的发展，使三者之间相互促进、共同发展，主产区经济进入良性循环模式，激发自身“造血能力”。

（3）规模化粮食生产、实现农民大幅增收。

农民收入主要有四个来源，即工资性收入、家庭经营性收入、财产性收入、转移性收入。财产性收入与农户个人财产有关，因此这一方面政府无法施力；转移性收入主要来自各项粮食及相关类的补贴，通过补贴政策，起到了增加收入的作用，但是补贴所获得的收入占比不到人均总收入的10%，占比很小，通过粮食补贴能够起到调节农户收入、调动农户种粮积极性的作用，但是不能寄希望于补贴使得农户收入水平提升一个层次，不论从理论上还是从国家财政水平来说都是无法实现的；工资性收入是农户外出务工、参加工作获得的收益，家庭经营性收入主要包括农户的种植业收益，这两部分能够通过各类政策措施起到影响作用，但是不能立即见效，因此，农户收入水平增高是一个长期目标。

增加粮食主产区农户的家庭经营性收入，主要是增加种植业家庭经营性收入，也就是粮作收入，在不考虑粮食单产大幅提高的情况下，每亩土地上的纯收益是比较固定的，因此，农户需要依靠增加耕作面积的方式来达到增收的目的。当前，农户粮食耕作面积普遍较小，导致农民的生产效率低下，无法形成规模经济。在种植规模较小的情况下，即使每亩收益水平较高，农户往往由于粮作总收入较低而产生种粮积极性下降的情况，既不利于保障粮食生产，又无法切实提高农户的收入水平。想要从根本上解决农民面临的困境，只能从扩大农民土地经营规模着手，一方面提高劳动生产效率，另一方面增加粮作的总收入水平。然而，现实中农户人均土地不足两亩，想要增加土地也不易实现，这就需要政府积极发展主产区经济，扩大对劳动力的需求程度，转移农村剩余劳动力，这样，转移出去的农民可以通过增加工作时间获得更多的工资性收入，而剩余农户则通过扩大经营面积来增加收入。只有这样，才能从根本上解决农民增收问题，可以说，农民的大幅增收离不开当地经济的发展。

9.2 利益补偿主体分析

9.2.1 中央政府

中央政府一直是当前粮食主产区利益补偿政策的主体，也是现阶段唯一的主体，今后其仍然需要承担起对粮食主产区利益补偿的重任。我们可以从如下几个方面讨论中央政府作为粮食主产区利益补偿机制的责任主体的必要性：

首先，中央政府间接享受到了来自粮食安全的正外部效应。粮食安全带来的正外部性，不仅仅是粮食的可获得性，还包括由此带来的社会、经济、政治稳定等不会受国际粮食风险影响，也就是社会正外部性，中央政府正是享受到了粮食安全带来的社会正外部效应。因此，中央政府应该持续为粮食主产区提供利益补偿。

其次，中央政府是纠正粮食安全正外部效应引起的“搭便车”现象以及准公共物品属性导致的失灵现象的唯一之选。纠正由粮食安全正外部效应导致的得利方不付费现象，通常有如下三种办法：第一，对相应的正外部效应提供者与免费获得者分别予以补贴和收费；第二，使正外部效应的提供者与免费消费者合并；第三，界定明晰的产权。而无论哪种方法都离不开一个强有力的主导者，强制或倡导事情的推进完成，这个主导者只能是中央政府。纠正准公共物品属性导致的供给失灵现象同样如此，离开中央出台的《土地管理法》《基本农田保护法》等法律保障，中央政府是无法强制主产区政府大量生产粮食的。

最后，中央政府作为国家的掌控者，有能力也有必要为全国范围内的成员生活负责。不论是出于区域经济协调发展，还是出于全社会共享发展成果，中央政府都有义务支持与帮助较为落后地区经济的发展，提升较落后地区人民的生活水平。粮食主产区整体来说，具备了一定的经济发展能力，但是由于粮食生产产生了一定程度的阻碍，中央政府有能力也应该为当地的经济发展提供助力。

作为粮食主产区利益补偿机制的主体之一，中央政府应该承担起如下责任，发挥相应的作用：①政策的制定者，负责出台各类补偿主产区损失、促进主产区发展的政策措施，负责确定补偿资金的来源、补偿方式、补偿对象等；②补偿资金的供应者，在原有对粮食主产区的各类转移支付的基础上，继续加大对主产区的支持力度；③利益补偿机制的协调方，负责协调利益补偿机制的顺利实施，负责协调利益补偿机制的主体与客体间的合作，负责来自其他途径补偿资金的稳定，保障对粮食主产区的利益补偿得以顺利完成；④利益补偿机制运行的监管者，当利益补偿机制在实施的某个环节出现问题时，中央政府应当承担起监督、管理的责任。

9.2.2 粮食主销区

《国家粮食安全中长期规划纲要（2008—2020年）》指出，要加强粮食产销区的责任共担、利益补偿、粮食产销衔接。由第3章的内容可知，粮食主销区近年来耕地面积与粮食作物种植面积不断缩小，而粮食需求量却在不断攀升，当地粮食方面存在的缺口只能通过从粮食主产区调运。表面上看来，这只是一种单纯的消费与需求的平衡，但往深处分析，粮食主产区如果没有政府各类法规的强制性因素在内，很可能也走上粮食需求量大、自身生产量无法满足需求的情况，到时，粮食缺口从哪里填满呢？依照我国人口规模，对粮食的需求量特别大，加之粮食生产产量存在很大的波动，如果依赖进口满足粮食需求，一方面，我国经济将受到国际粮价波动带来的巨大影响，对经济发展、民众生活都产生影响；另一方面，我国经济容易受到来自粮食的控制与影响，不利于中国整体的健康发展。由此可知，粮食主产区为了粮食安全的正外部效应做出了经济上的牺牲，国家上下均享受到了粮食安全的红利，但是粮食主销区作为获利一方，并未支付任何成本，这是不公平也是不合理的。因此，在制定粮食主产区利益补偿政策时，应该强调粮食主销区需要承担的责任，把粮食主销区也划入利益补偿机制的主体中来。

粮食主销区在对主产区的利益补偿机制中，应当发挥如下作用：第一，提供资金支持，这也是粮食主销区政府最应该承担的责任，主销区有能力也有义务对因为土地大量用于开发所获的利润进行部分转移支付，以弥补主产区损失；第二，提供政策支持，主销区政府也可以出台各类政策支持、帮扶主产区政府发展，为主产区粮食安全减负；第三，协助配合中央完成对主产区的利益补偿政策，积极、认真执行中央各项规定，对中央配套下来的资金额度积极满足；第四，对主销区内运行的利益补偿环节实施监管，一旦出现各类影响、妨碍主产区利益补偿机制实施的事件，属于主销区管辖范围的，均积极予以解决、规范。

9.3 利益补偿对象分析

9.3.1 粮食主产区政府

粮食主产区政府在发展粮食生产过程中利益大量流失：第一，耕地的机会成本流失；第二，农业相关配套资金的机会成本；第三，生产出的粮食被调往主销区，粮食中包含的部分补贴资金也随之转移，造成主产区的二次利益流失。由此导致粮食主产区面临如下问题：第一，主产区财政收入较低；第二，主产区产粮大县与扶贫大县并发性高；第三，主产区人民收入水平普遍偏低。因此，对粮食主产区政府层面的利益补偿是必要的，不能满足自身粮食供给的主销区向超额实现自身粮食供给的主产区提供利益补偿或进行利益转移，以调动主产区政府层面耕地保护和粮食生产的积极性。

对粮食主产区政府层面的利益补偿有如下三个方向：一是对粮食主产区政府的直接财政支持，财政资金充裕，主产区政府才能合理运用、支持各类民生建设工程，引导所在地区经济发展，搞好当地经济开发工作；二是对粮食主产区政府各类农业配套资金的减免支持，这也是变相对粮食主产区政府的一种补贴方式，使主产区财政进一步减少压力；三是对主产区发展经济的政策支持，使各种资源朝主产区方向流动，给当地经济注入活力与动力。

9.3.2　粮食主产区农户

粮食主产区农户人均收入水平低于全国平均水平，农民生活水平一般。当前粮食主产区农户的收入主要来源工资性收入与家庭经营性收入，由于人均土地数量不多，想要依靠粮作劳动增加收入有赖于土地流转机制的建立健全，因此，通过提升工资性收入来增加总收入相对更具有可行性，由此，带来的农户兼业化、耕地抛荒、弃种现象严重，长久将对主产区粮食生产构成巨大威胁。主产区农户是粮食生产的直接参与者，可以说，短期内的粮食安全依赖于粮作农户的种粮积极性。因此，粮食主产区利益补偿机制的第二个补偿对象应该是主产区农户。

对粮食主产区农户的利益补偿的核心应该围绕着提高农户收入水平、保障农户种粮积极性来进行。一方面对农户进行利益补偿是以人为本、让全体社会成员共享发展成果的要求；另一方面是保障农户种粮积极性及粮食安全的直接而有效的手段。

9.4　粮食主产区利益补偿政策运行模式分析

粮食主产区利益补偿机制主要包括三个参与主体：粮食主销区、中央政府、粮食主产区。利益补偿机制的核心是粮食主销区与中央政府提供资金与政策支持，供粮食主产区使用，以弥补粮食主产区利益损失，促进当地发展。

中央政府通过行政手段，给粮食主销区下达政策要求，促使其通过资金转移支付等手段，为主产区提供利益补偿，同时要求粮食主销区政府承担起一定的粮食生产与耕地保护责任，以分担粮食安全责任。

考虑到经济比较效益，粮食主销区政府主要通过资金转移支付的手段来补偿粮食主产区。资金的转移支付通过粮食主产区与粮食主销区间的粮食指标跨区交易来完成，简单来说，就是粮食主销区根据自身粮食缺口数量上报至中央，粮食主产区根据当年预期粮食产量也上报至中央，中央根据当年情况，确立每单位重量粮食的补贴额度，主销区政府根据粮食缺口量与单位粮食补贴额上交中央政府相应的补贴资金，中央政府依照各个主产区的粮食供给数量确定每个主产区获得的补贴资金额度，并把资金拨付过去。在这个过程中，中央政府起到了中间协调的作用。拨付至粮食主产区的资金均按一般性转移支付处理，把资金使用途径交给粮食主产区政府自行决定，以发挥最大用途（如图 9-1 所示）。

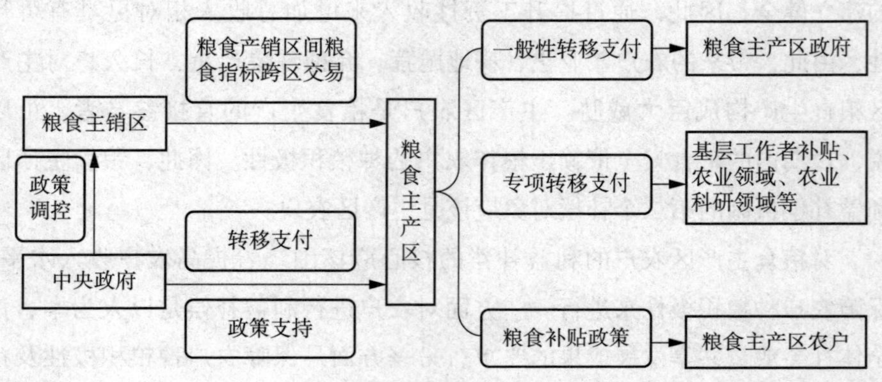

图 9-1 粮食主产区利益补偿运行模式

中央政府对粮食主产区的支持主要是从政策支持与资金支持两方面进行。在政策方面，要根据实际情况，充分考虑粮食主产区面临的经济发展难题，适当改变对粮食主产区政府的考核指标与办法，减轻经济考核标准，注重粮食生产、农业发展等相关考核指标，出台各类政策引导社会资金、人才等资源向主产区流动。在资金支持方面，继续保障并增加针对农业发展、农民补贴等具有重大作用的专项转移支付资金额度，同时逐步提高一般性转移支付资金额度，使粮食主产区获得更大的自主权，资金能够运用于最有需要的地方。

粮食主产区获得的资金主要包括中央政府的专项资金以及中央政府与粮食主销区两部分的一般性转移支付资金。专项资金应该着重于农业科技发展、商品粮基地建设以及农业专项资金等，这几个方面对于粮食主产区加快农业现代化进程、提高劳动生产率具有重要意义。一般性转移支付资金应该逐步增加，并成为对粮食主产区利益补偿的主要形式，这样更有利于粮食主产区根据自己的发展需要，有目的、有重点地安排资金使用，以发挥最大作用。

9.5　中央政府对粮食主销区的政策调控

9.5.1　确立并严守主销区粮食耕地面积底线

2014年，国土资源部下发《关于强化管控落实最严格耕地保护制度的通知》，指出要逐步减少新增建设用地计划指标，重点控制东部地区特别是京津冀、长三角、珠三角三大城市群建设用地规模，对耕地后备资源不足的地区相应减少占用耕地指标。除生活用地及公共基础设施用地外，原则上不再安排城市人口500万以上特大城市中心城区新增建设用地。该项通知的下发，标志着我国已经逐步意识到粮食主销区耕地保护的重要性。

粮食安全不能只依靠粮食主产区，粮食主销区也应该承担相应责任。除了对粮食主产区进行直接的转移支付外，粮食主销区也应该尽可能地承担一定的粮食生产任务。粮食主销区现有粮食播种面积不足以满足当地人民的消费，但是产出的粮食仍然占据一定的份额，如若放任粮食主销区减少耕地面积，只会使粮食主产区背负更大的粮食生产压力、面临更多的利益流失。以广东省为例，近十年来，广东省耕地面积与粮食播种面积均不断下降，未承担起相应的粮食生产任务，国家粮食安全隐患仍存在，2014年广东省粮食播种面积为2157.8千公顷，仅能满足本省29.3%的人口用度。耕地一旦转作非农类使用，再转回耕地的成本将非常大，因此，某种程度上说，耕地是不可再生资源。综上所述，粮食主销区也应该在现有耕地的基础上，确立耕地面积底线，把相对集中、优质的土地纳入耕地保护范畴，同时制定一个粮食自给率目标值，保障粮食自给率不低于这一目标，防止“耕地非农化”与“耕地非粮化”现象加剧，防止土地用途的不可逆使用。

粮食主销区应该承担起粮食安全的部分责任，确立并严守粮食主销区粮食耕地面积底线，把主销区耕地保护与粮食生产纳入政府考核指标范围，强化主销区政府对耕地的保护积极性。

9.5.2 监督粮食主销区对主产区的转移支付

粮食主产区生产粮食具有正外部性，因此需要政府介入才能促使正外部效应内部化，达到最优效率。粮食主销区多年来一直是粮食安全的既得利益者，并未为粮食安全支付过相关成本，政府必须通过政策等手段达成主销区对主产区的转移支付，这一过程本身对主销区来说是“受损”的，因此，主销区存在动机去规避、拖延对主产区的资金转移支付。作为政策的发起方以及权力中心，中央政府应该指派或成立专门的部门，负责处理粮食主销区对主产区转移支付的一系列问题，负责资金的收入与调配，做到责任明确化。相应部门应该对粮食主销区对主产区的转移支付承担监督、指导等相关责任，确保粮食主销区的补贴资金按时、足额到位，确保粮食主产区能够按时收到补贴资金；对粮食主销区转移支付的操作提出指导方针，使粮食主销区在执行过程中有据可依，规范行为；当转移支付过程中出现任何问题时，中央政府能够快速接入、做出反应、解决问题。

9.6 粮食主销区对主产区的粮食跨区指标交易模式

粮食主销区对粮食主产区的资金转移支付主要是通过产销区间的粮食跨区指标交易模式来实现的。粮食跨区指标交易，实质上交易的是粮食生产能力，而并非粮食实物；粮食指标，对主销区而言是本省生产粮食数量与粮食实际需求数量之间的粮食缺口指标，对主产区而言则是本省范围内粮食生产总量指标。粮食跨区，跨的是粮食主产区与粮食主销区，跨区交易将粮食主产区与粮食主销区之间的粮食生产外部性内部化，运用“指标”这一形式进行量化。

9.6.1 交易模式分析

粮食跨区交易模式可以细分为三个环节：

第一个环节，粮食缺口上报环节。粮食主销区根据前三年的粮食生产数量、人均粮食消费量、人口总数、单位面积平均粮食产量、复种指数计算的粮食耕地数量缺口的平均数作为粮食缺口数量，向中央政府指定的相关单位上报。

第二个环节，单位重量粮食补偿金额的确定。对单位重量粮食的补偿金额由中央指定的相关单位进行确定。首先，中央与粮食主销区政府确立好各自承担的利益补偿份额，以河南省为例，2014 年河南省需要利益补偿资金 749.45 亿元，假如中央与主销区地方政府承担比例为 7∶3，那么粮食主销区各省需要负担的对河南省的利益补偿金额为 224.84 亿元；其次，粮食主销区各省计算本身耕地面积缺口数量占总主销区耕地缺口数量的百分比，据此作为承担河南 224.84 亿元利益补偿金额多少的依据，应承担的其他粮食主产省份利益补偿金额也如此计算。

第三个环节，补偿资金的上交及发放。中央政府指定的负责单位每年发放通知，告知补偿资金的上交额度及上交时间，粮食主销区各个省份根据中央核定的应上交的补偿资金额度按时提交资金至指定账户中。所有粮食主销区上交的补偿资金汇入一处，作为资金总量进行下一步分配。负责单位参考粮食主产区各省的利益损失情况，来确定各个省份应获得的跨区指标交易资金额。一旦各个粮食主销区将补偿资金上交到位，负责单位将尽快按照主产区各省应得份额发放下去，所发放的资金直接进入省财政收入中，并且按一般性转移支付进行处理。

9.6.2 粮食跨区交易模式优势分析

通过粮食跨区指标交易模式来实现粮食产销区之间的利益补偿具有如下优势：

第一，扩展了对粮食主产区利益补偿机制的资金来源。粮食跨区交易以中央作为媒介与监管者，实际上的参与者是粮食主销区与粮食主产区的省级政府，利益补偿资金直接由粮食主销区省政府负责筹措，让“主产区政策”的受益方直接参与进来。

第二，完善了对政府层面的利益补偿机制。已有利益补偿机制的补贴对象包括部分产粮大县政府和全部粮食生产农户，从对政府层面的补偿机制分析，粮食主产区下属各个省均由于生产粮食而导致经济受损，最直观的体现就是GDP的减少，仅仅通过补贴部分县区远远无法弥补主产区的经济损失。因此，对主产区的省级层面进行大规模利益补偿是十分有必要的，省级财政在获得大量利益补偿资金后，能够根据本省实际情况，灵活拨付给各地区、各行业，以达到弥补省内损失、促进经济发展的作用。

第三，充分发挥粮食产销区的比较优势，使总效益最大化。大到粮食主销区对主产区的利益补偿，小至粮食产销区之间的粮食跨区交易模式，都是建立在粮食产销区之间的比较优势理论基础上的。由于不同地区的人文、地理、经济基础等条件均不相同，比较优势理论决定了资源的配置与使用途径。从国家层面的利益最大化角度来讲，粮食主销区经济发展优势大，单位面积土地产出值高，粮食主产区相比来说在经济发展方面存在劣势，从第3章对河南省与广东省单位土地面积不同用途的机会成本分析可以得到验证。通过粮食跨区指标交易的模式运作对粮食主产区进行利益补偿，既可以弥补粮食主产区的部分损失，为粮食主产区种粮积极性提供动力，又不会对自身发展带来影响，从长远看，能够以最小的成本获得粮食安全带来的好处。

第四，依据粮食主产区实际利益损失额度确立利益补偿额度，使补偿资金额度合理化。一方面，粮食主产区政府能够极大地获得财政支持，本省内的各项建设、投资得以推进；另一方面，粮食主销区不会存在盲目支出资金的状态，更令人信服。

第五，不会对粮食价格造成影响。粮食跨区指标交易实质上交易的是一种生产能力，而非实物本身，也就是说，只是按照粮食产销区的需求与供给确定补贴资金额度，补贴资金只在政府层面上进行转移支付，不与粮食直接挂钩，因而不会对粮食价格造成影响，不会对市场产生扭曲，避免了这一政策对市场方面的副作用。

9.6.3 资金来源分析

粮食主销区对主产区的补偿资金应该从两方面进行抽调：第一，从粮食主产区各个层级地方政府的土地出让款与耕地补偿款中抽调；第二，从粮食主产省的省级财政收入中抽调。

从地方政府获得的土地出让款与耕地补偿款可以看作是粮食主销区获得的“额外收益”，因为，粮食主销区在粮食播种面积不断下降、粮食生产无法满足消费量的情况下转变土地用途，从中获得大量的土地出让金，当耕地用作非农用地时，还可以获得耕地补偿款，相对来说，粮食主产区则损失了这部分收益。由于土地转作他用带来的政府收益明确且易测算，并且属于粮食主销区免于承担粮食安全责任而带来的直接的经济收益，这部分资金可以作为补偿资金的来源之一。另外，土地出让金收益与耕地补偿款收益通常直接归地方政府所有，因此，从这部分收益中抽调部分资金，也能起到让粮食主销区基层政府承担起部分粮食安全责任的作用。

除了从地方政府的土地出让金以及耕地补偿款抽调资金，粮食主销省负担的利益补偿资金总额的缺口部分应该从当年本省的财政总收入中抽调。这样做使粮食主产省整体层面承担起对粮食主产区利益补偿的责任，承担起相应的粮食安全责任。

粮食主销省应当拨付的对粮食主产区的补偿资金在各个来源之间的分配比例可以按照如下的指导思想进行确立：对于耕地补偿款来说，由于它是来自耕地转作他用而得，对粮食安全具有直接的反作用，原则上来说，这部分收入应该全部用作对粮食主产区的利益补偿资金，考虑到效率问题，粮食主销区可能会出现由于所得利益与自身无关继而丧失征收动力，出现应收款项下调额度、监管不力等现象，因此，可以采取征收耕地补偿款额度的80%上缴用作对粮食主产区的利益补偿资金。对于土地出让金的提成比例以及粮食主销区省级财政出资金额的确定，由于这两部分资金恰好涉及粮食主销区省份的地方政府与省政府两方，因此，建议对这两部分的资金来源比例的确定，交由粮食主销省自行决定，权力下放至当事者手中以便根据自身情况做出最优抉择。

9.6.4 粮食跨区交易模式实施阶段

每一项政策的实施不能仅依靠理论支撑，还应当在实际中不断调整，以修正可能存在的问题。粮食主销省对粮食主产省的粮食跨区指标交易存在产销区之间利益的直接对立，实施起来必然会受到多方阻力。因此，比较可行的办法是，对粮食主产区的利益补偿资金按照从少到多、逐年增加的办法向前推进，以便减少阻力，并随时进行政策的细微调整，解决出现的各类问题，同时，给粮食主销省各级政府较为充足的时间来适应财政收入的变化。

具体来说，可以分为四个阶段进行：第一阶段，粮食主销省按照中央核定的利益补偿资金的30%进行上缴，粮食主销省自行协商确定资金的来源及比例分配，这一阶段可以暂定为2年。第二阶段，粮食主销省按照中央核定的利益补偿资金的50%进行上缴，粮食主销省自行协商确定资金的来源及比例分配，这一阶段也暂定为2年。第三阶段，粮食主销省按照中央核定的利益补偿资金的80%进行上缴，粮食主销省自行协商确定资金的来源及比例分配，这一阶段也暂定为2年。第四阶段，粮食主销省按照中央核定的补偿资金全额上缴。整个跨区交易从起步阶段到全面推进跨时6年，中央政府相关负责部门可以根据实际情况调整各个阶段的时间，保证跨区交易模式的平稳推进及粮食主销省财政的平稳调整过渡。

9.7 中央政府对主产区的利益补偿机制

中央政府对粮食主产区的利益补偿可以分为两大部分，一部分是资金补偿，也就是各类专项转移支付与一般性转移支付；另一部分是政策补偿，如各类政策支持等。

9.7.1 资金支持

(1) 加大一般性转移支付资金。

当前中央政府对粮食主产区的转移支付资金总量仍然偏低，财政支农力度也偏小，难以发挥规模优势。粮食主产区的利益损失主要发生在土地无法用于更高收益的工商业用途上，导致经济发展受到限制，进而财政收入受到影响，反过来使主产区各个方面的发展受到资金约束，形成恶性循环。

对粮食主产区的利益补偿不能只局限于对损失的弥补，还要重视对粮食主产区经济发展的支持。从资金的转移支付角度来看，要想发挥中央政府对粮食主产区经济支持的作用，应该加大对一般性转移支付的资金支持力度。中央政府无法实时掌握各个粮食主产区的具体情况以及面临的主要问题，因而在资金的使用用途方面的调控往往会出现延迟现象，导致主产区各项发展建设工程受限，即使通过调研计算核定出各项转移支付金额，也需要耗费较大的人力物力成本。最好的办法就是权力下放，中央政府提高一般性转移支付资金，粮食主产区政府可以根据自身情况确定资金使用途径，从真正意义上弥补粮食主产区由于发展粮食生产带来的财政收入损失。

中央政府可以针对一般性转移支付资金做一些宏观指导，在有限的资金范围内优先保证某些领域的资金使用，使得粮食主产区在保障粮食安全的情况下兼备综合的可持续发展能力。

（2）保障重点领域的专项转移支付资金。

为强化粮食安全，提高粮食主产区范围内粮食综合生产能力，确保粮食主产区三次产业的良性循环，促进全社会的可持续发展，中央政府应该重点保障、提高几个重要领域的专项转移支付资金。

第一，提高农民种粮积极性，保障、提高粮食补贴资金。农民处在粮食生产的第一线，农民的种粮积极性高低直接关系着粮食的生产，不管从近期还是长期来看，都有着十分重要的意义，因此针对农民的粮食补贴资金要保持稳步增长。中央政府未来应继续重视对粮食风险基金的运作。

第二，提升农业现代化水平，保障、提高农业专项资金。粮食主产区是根据比较经济效益划定的功能分区，粮食主产区作为粮食生产的重要区域，其领域内的农业现代化水平应该达到较高的层次，才能保证农业生产效率，因此，中央政府未来应继续加强针对农业现代化相关领域的投资力度。加强农业基础设施建设，提高农业生产设施水平；发展高效、节水、环保的新型农业，提升农业可持续发展水平；紧抓农村土地流转工作，促进农业规模化经营，提高劳动生产效率。

第三，提升区域生产专业化水平，保障、提高对大型商品粮基地的专项资金。粮食主产区、产粮大县、粮食集中连片区域均属于粮食生产高效、集中区域，是我国粮食安全的重要保障。由于耕地相对集中，对当地开展粮食生产专业化、提升区域内农业现代化水平等十分有利。在商品粮基地加强部门间协调，引导粮食规模化经营，加强基础设施建设，提高粮食综合生产能力。通过商品粮基地的试点示范作用，达到带动全国范围内的农业现代化生产方式转变的效果。

第四，提高粮食生产效率，保障、提高农业科研专项资金。从长远来看，我国土地有限，耕地面积增长也有限，而粮食需求随着人口增加与生活水平的提高不断上涨，粮食安全从长期看仍然存在风险，而解决这一潜在风险的关键就是提高单位面积的粮食生产效率，也就是提高粮食单位面积产量、提高土地利用率。因此，我们必须继续加大对农业科研领域的投入，积极研发粮食增产相关技术，发展农业测土配方施肥技术等，使农业单位面积产出效率更高。

（3）转变部分专项转移资金为一般性转移支付。

除了上述几个重要领域的专项转移支付资金，其余专项转移支付资金可以转变为一般性转移支付资金，拨付给粮食主产区政府，使粮食主产区政府获得更高的自主支配权力，把资金用于最有需要的地方，发挥最大的作用。总体来说，思路仍然是增加一般性转移支付资金，转变部分专项转移支付资金，让粮食主产区自行调整资金用途，才能从根本上对准主产区薄弱环节，发挥利益补偿的最大作用。

（4）转移支付额度分析。

前文中已经分析过，通过计算各个粮食主产区政府每年的利益损失金额，据此作为确定利益补偿额度的参考。还是以河南省为例，对河南省的利益补偿应以一般性转移支付形式为主，一般性转移支付总额应与本省利益损失额相同，理想的补偿额度应为749.45亿元，但是考虑到政府支付能力受因素影响，实际补贴额度通常存在一定变动。这部分补偿资金来源有两个：一是通过粮食跨区指标交易模式获得，由主销区政府提供的，二是中央政府配套的，两者协商各自承担的份额。

对于针对农户的利益补偿政策，已有的粮食补贴、粮食最低收购价政策在提高粮食产量、提高农民收入水平方面均发挥了积极作用，接下来应该从提升补贴总额度的角度进行改进。对于耕作规模在15亩以下的农户而言，随着农资综合补贴与补贴总额度满意度的提高，农户粮食总产量也不断提高。对于耕作规模在15亩以上的农户来说，良种补贴政策与小麦最低收购价政策的满意度提高，则粮食总产量也相应提高。良种补贴政策、农资综合补贴政策、小麦最低收购价政策以及补贴的总额度至少能对一部分或全部农户起到促进粮食生产的作用。农机具购置补贴由于其自身的特点，在促进粮食产量方面的表现不显著。粮食直补政策对粮食总产量的增加影响也不显著。根据第7章中对农户利益补偿标准的计算，每亩粮食作物耕地的补贴总额度应该达到179.5元，才能保证粮作劳动收益符合自身人力资本能力收入水平，重点应该从良种补贴政策、农资综合补贴政策两个政策来提高补贴额度。

9.7.2 政策支持

（1）适当引导农村规模化经营。农业发展的长期出路，应该在于提高农业生产效率，才能增加单位时间的劳动回报率。为了达到这点，就必须引导农村劳动力合理转移，增加剩余农民人均土地拥有量，扩大土地耕作规模，在不断趋于规模经济的过程中提高其投入产出比率。同时，根据种粮大户的具体需求制定相应政策，以增加农户发展规模化经营的动力。

（2）加强对农村、农民价值观、认同感等方面的宣传。加强文化、观念方面的宣传，认可粮食生产的行为，强化宣传田园美、空气好、生活悠闲的价值观，提高农民的自豪感与认同感，间接起到调动种粮积极性的作用。

（3）大力提高对农户受教育方面的投资力度，提高农民整体受教育水平。农民的受教育水平不仅能提高其自身的人力资本水平，还能促使农村劳动力人口向外转移，更能促进粮作农民本身的粮食生产，具有多方面的意义。我国土地现状为人多地少，家庭土地拥有量在中部、东部省份普遍偏低，导致种植业的劳动效率因远远达不到规模效益而偏低。提高农民收入水平、保障农民种粮积极性，不能只依赖国家给予的各类补贴政策，最根本的方法还是要转移农村劳动力，使农村真正从事种植业的农民人均土地拥有量大幅提升，才能降低农业生产成本，从根本上提高收入水平。对留守在农村从事粮食生产等农业劳动的人员，他们的受教育水平提高也对自身粮食产量提高起到积极显著的作用，受教育程度越高，其粮食生产总量越大。综上所述，努力提高农村的教育水平、鼓励广大青少年获得更高的教育学历，是一项作用于未来、有效可行的致力于农村劳动力转移的政策。

（4）健全农民工相关法律法规体系，完善农民工劳动市场机制，保障农民工各类合法权益。努力使农民工的工资水平提升至符合自身人力资本能力的程度。

（5）调整粮食补贴政策，提高粮食补贴额度。主要从良种补贴政策、农资综合补贴政策角度入手，继续提高两项补贴的额度，以达到提高补贴总额的目标，争取每亩补贴总额度达到 179. 5 元。

（6）强化对小麦最低收购价政策的执行。小麦最低收购价政策对种粮大户的粮食生产有积极影响，强化该项政策的执行，有助于粮食的规模化经营进程。

（7）转变对粮食主产区政府的考核指标。粮食主产区发展粮食生产、保障粮食安全，给自身带来的经济损失是毋庸置疑的，中央政府与粮食主销区对主产区的利益补偿也是必要的。鉴于粮食主产区受外力因素影响自身经济发展，中央政府应该酌情降低对粮食主产区各级政府的经济类指标的考核标准，转而强调对粮食产量、耕地保护、农业现代化进行等方面指标的考核，使粮食主产区专心于粮食生产任务，免去部分经济发展压力。

（8）引导资金、人才等资源向粮食主产区流动。人才对于一个地区的发展重要性不言而喻，而经济相对落后的地区，由于工作条件相对较差，收入较低，导致人才流失的现象比较严重。中央政策应该针对人才引进拨付一定量的资金，对粮食主产区关键性的岗位提供人才奖励资金，鼓励具有高素质的人才前往经济欠发达地区尤其是基层参加工作。具体的办法是，粮食主产省针对本省范围内的公务编制、事业编制人员，挑选出技术含量较多、对个人要求较强、人员招收困难、招收人员水平不能满足需求的岗位，给予一定比例的岗位补贴，以增加相应岗位的吸引力，招收更多优秀人才。对于特定岗位的补贴额度，可以根据本岗位的重要性、人才在市场的平均行情、个人优秀程度共同确定。

国家开发银行等国有政策性银行应加大对粮食主产区农业基础建设相关领域的支持力度，提供低息贷款，引导资金向主产区流动。在安排财政支农资金、粮食生产的重大科研项目等方面优先考虑粮食主产区。

（9）中央对主产区粮食相关企业提供支持。中央对粮食主产区的企业支持主要应集中于农业相关企业的扶持。粮食生产本身对粮食主产区带来的 GDP 增长非常有限，农民收入水平也并不高，财政收入更是几乎为 0。粮食在贮存过程中，损耗较大，粮食的外运过程耗费成本巨大，损耗也较多。考虑到上述情况，国家应重视扶持主产省建立以粮食为基础的高效农业体系，开展粮食生产地区的粮食就地转化，把原粮深加工，围绕粮食周边产业以及粮食加工产业成立、扶持相关企业，使粮食生产延伸为一个完整的高效产业链，从生产、转化、加工、运输等各环节全面提高经济效益，一方面能够提高粮食的附加值，为当地政府以及企业本身带来收益，另一方面免去了原粮的贮存与运输工作，大大减少了粮食损失，可谓一举多得。

在扶持农业相关企业的同时，中央政府还可以有目的性地引导劳动密集型企业向粮食主产区转移。这样做的好处如下：第一，粮食主产区通常人口众多，经济欠发达因而用工工资整体相对粮食主销区等较为发达的地区而言要低，有利于劳动密集型企业招收大量员工，同时有效控制成本；第二，粮食主产区省份的粮食生产普遍还是以家庭为单位的小规模经营，劳动生产率不高，并且人均土地数量少，导致农民依靠家庭经营获得的收入少，而随着工资性收入在农民人均纯收入中所占比重越来越大，农民外出务工现象不断增加，因此，对于打工岗位的需求不断增多，劳动密集型企业的出现恰好也能迎合农民层面的需求，把留在农村的大量过剩劳动力转移，释放出大量土地，让继续留在农村的种粮农民通过增加土地耕作面积提高收入，不仅能够有效提高打工农民与种粮农民的收入水平，从长远看还能有效促进土地规模经营。

9.8 粮食主产区资金使用途径分析

9.8.1 保障专项资金用途

对中央财政下拨的重要领域的专项资金、如针对农民粮食补贴的粮食风险基金，针对农业现代化建设的农业领域专项资金、针对粮食产出效率的农业科研资金、针对商品粮基地建设的专项资金等，要按照其使用范围的规定严格控制，保证资金的高效运用。当中央下拨的各类专项资金仍存在使用缺口的情况下，粮食主产区优先从一般性转移支付资金中予以拨付。

9.8.2 保障农户粮食补贴额度的情况下，适度向种粮大户倾斜

大量学者已经指出，针对农户的粮食补贴对保证农民种粮积极性具有重要作用。为了使粮食补贴发挥提高农户种粮积极性的作用，同时促进粮食规模化种植，提升种粮效率，国家应该逐步调整完善三项补贴政策。2015 年，国家财政部、农业部发布《关于调整完善农业三项补贴政策指导意见》，明确在全国范围内调整 20%的农资综合补贴资金用于支持粮食适度规模经营，四川、安徽、山东、湖南和浙江五省为首批改革试点地区。

粮食补贴中的粮食直接补贴，补贴范围针对所有种植粮食的农户，但由于补贴金额较小，补贴对农户种粮环节针对性不足，导致这项补贴的作用收效较小。因此，这项补贴政策也应该尽快纳入修改范围。粮食直接补贴可以按农户耕作亩数确定补贴等级，土地数量越高，每亩补贴额度越高，以切实鼓励种粮大户的种粮积极性，发展农业适度规模经营。

根据作者对河南省农户的调研情况，约有 78.51%的农户期望土地拥有量在 2~10 亩，这也是当前土地拥有数量分布最为广泛的一段区间，参考这一数值，对粮食直接补贴可以按如下方式进行改动：第一，耕作亩数不足 2 亩的农户，取消每亩粮食直接补贴，由于这部分农户数量较少，所耕作土地总面积亦非常小，且农户种粮大多出于满足自己使用，因此这部

分粮食直接补贴的取消对粮食产量产生影响较小；第二，耕作亩数在2~10亩的农户，粮食直接补贴按原来发放，也不会对农户造成影响，相反对于部分农户，会激发他们增加耕作面积至10亩以上；第三，对于耕作亩数在10亩以上的农户，适当增加每亩补贴额度。

9.8.3 对主产区基层工作者予以经济补偿

中央对粮食主产区人才的补偿是有针对性的。而粮食主产区对基层工作者的利益补偿是针对各类基层工作、农业相关从业的技术人员等全部群体。这部分人群数量较为庞大，散布在基层各个地方，对当地农业发展、经济发展、教育发展、技术推广等各方面意义重大，但是粮食主产区财政收入受限，这部分人群往往工作条件较差、收入水平低，因此，对他们的收入进行补偿，能够直接提升其生活水平、提高他们的工作积极性，对粮食主产区各项工作的开展带来帮助。

9.8.4 根据自身情况确定一般性转移支付资金用途

粮食主产区从中央政府层面以及粮食主销区层面获得大量的一般性转移支付，可以根据自身实际情况进行资金的调整与使用，把资金用到最需要的地方，发挥最大的作用。粮食主产区农业发展相关资金，一般会有中央政府的专项转移支付供给，一般性转移支付资金在满足农业发展所需资金缺口的情况下，能够用于对本省的工作人员收入补贴、企业引进、基础设施建设等多方面，以起到真正促进主产区经济发展的作用，为主产区带来经济发展的自身活力。

9.9 本章小结

本章根据前文对粮食主产区层面的分析及与粮食主销区的对比，结合现有粮食主产区利益补偿政策存在的问题，提出针对粮食主产区利益补偿的框架与具体内容：

（1）中央政府要针对粮食主销区层面进行政策调控；要针对主销区确

立粮食耕地面积底线，并作为考核指标对粮食主销区粮食生产、耕地保护等情况进行考核，以使粮食主销区在能力范围内承担一定粮食安全责任；要监督粮食主销区对粮食主产区的转移支付。

（2）粮食主销区对粮食主产区的利益补偿主要通过一般性转移支付的形式完成，通过产销区间的粮食跨区指标交易模式来实现。粮食跨区指标交易，实质上交易的是粮食生产能力，而并非粮食实物，跨区交易将粮食主产区与粮食主销区之间的粮食生产外部性内部化，运用“指标”这一形式进行量化。

第一个环节，粮食缺口上报环节。粮食主销省份根据前三年的粮食生产数量、人均粮食消费量、人口总数、单位面积平均粮食产量、复种指数计算的粮食耕地数量缺口的平均数作为粮食缺口数量，向中央政府指定的相关单位上报。

第二个环节，单位重量粮食补偿金额的确定。对单位重量粮食的补偿金额由中央指定的相关单位进行确定。首先，中央与粮食主销区政府确立好各自承担的利益补偿份额，以河南省为例，2014 年河南省需要利益补偿资金 749. 45 亿元，假如中央与主销区地方政府承担比例为 7∶3，那么粮食主销区各省需要负担的对河南省的利益补偿金额为 224. 84 亿元；其次，粮食主销区各省计算本身耕地面积缺口数量占总主销区耕地缺口数量的百分比，据此作为承担河南 224. 84 亿元利益补偿金额多少的依据，应承担的其他粮食主产省份利益补偿金额也如此计算。

第三个环节，补偿资金的上缴及发放。中央政府指定的负责单位每年发放通知，告知补偿资金的上缴额度及上缴时间，粮食主销区各个省份根据中央核定的应上缴的补偿资金额度按时提交资金至指定账户中。负责单位按照粮食主产区各省的利益损失情况，来确定各个省份应获得的跨区指标交易资金额。

（3）中央政府对粮食主产区的利益补偿可以分为两大部分，一部分是资金补偿，也就是各类专项转移支付与一般性转移支付，另一部分是政策补偿，诸如各类政策支持等。

资金支持主要包括如下几个方面：第一，加大一般性转移支付资金，使粮食主产区政府可以根据自身情况确定资金使用途径，从真正意义上弥补粮食主产区由于发展粮食生产带来的财政收入损失；第二，保障重点领域的专项转移支付资金，重点保障、提高粮食补贴资金、农业专项资金、大型商品粮基地建设资金、农业科研专项资金，以提升粮食主产区内粮食综合生产能力，提高农业现代化水平；第三，转变部分专项转移资金为一般性转移支付，让粮食主产区有更大范围的权限自行调整资金用途；第四，对政府层面的补偿额度应该根据测算结果进行补偿，对农户层面的补偿应该以实现其人力资源能力的收入水平为准。

政策支持主要包括如下几个方面：第一，适当引导农村规模化经营；第二，加强对农村、农民价值观、认同感等方面的宣传；第三，加大对农户受教育方面的投资力度，提高农民整体受教育水平；第四，健全农民工相关法律法规体系，完善农民工劳动市场机制，保障农民工各类合法权益；第五，调整粮食补贴政策，提高粮食补贴额度；第六，强化对小麦最低收购价政策的执行力度；第七，转变对粮食主产区政府的考核指标；第八，引导资金、人才等资源向粮食主产区流动；第九，中央对主产区粮食相关企业提供支持。

（4）粮食主产区转移支付的资金使用途径有四个：第一，对专项转移支付资金要保证使用途径按规定进行；第二，转变粮食直接补贴对象，向种粮大户倾向；第三，对主产区基层工作者予以经济补偿；第四，根据自身情况确定一般性转移支付资金用途。

第10章 结论与展望

10.1 本研究结论

10.1.1 粮食主产省现状分析——以河南省为例

粮食现状：①河南省自新中国成立起便是我国重要的粮食生产大省，近几十年来粮食产量不断攀升。②2006年以前，河南省粮食增产主要依赖单产的提高，从2007年之后则主要依赖粮食播种面积的增加。③河南省粮食净调出量逐年提高，2014年粮食调出量约为2368.15万吨，成为我国为数不多的粮食净调出大省。④粮食加工企业数量较多，加工能力非常大，但是工业产值不高，税收贡献率相对较低，粮食的加工主要停留在初级阶段，附加值不高。

经济现状：①河南省GDP产出位居全国第五，但是地方财政税收收入占地方财政总收入的比例相对较低，税收能够较为直接反映当地经济情况，因此，河南省未能做到“藏富于民”。②河南省内的产粮大县与贫困县重叠程度高。在河南省所有产粮大县中，贫困县占到其中48.4%。国家级贫困县中77.4%的县是产粮大县，河南省划定的15个开发工作重点县全部属于粮食核心区县，比例高达100%。③河南省人均GDP在全国处于一般靠后水平。河南省城镇人均收入水平低于全国平均水平，这与河南省整体财政状况有关。农民人均纯收入也不高，这主要是由于工资性收入逐步成为农民收入来源中占比最大的部分，河南省农民外出务工相比较发达地区农民而言，存在更大阻力，因而影响工资性收入提高。

10.1.2 粮食主产省利益补偿依据

粮食主产省由于发展粮食生产导致了多方面的利益流失，主要有以下几个方面：

土地的使用途径不同时，单位面积土地的收益情况也不同，土地使用是造成粮食主产区利益受损的主要所在。第一，当土地作为耕地进行农作物种植时，种植粮食作物的收益远低于种植经济类等作物的收益，这就造成了粮食主产区大量粮食作物耕地产生机会成本。第二，当土地运用于地产开发、使用等用途时，在取得土地阶段，存在土地出让金、耕地占用税收益的机会成本，在土地开发阶段，存在房地产企业的各项税收收益的机会成本，当土地开发完成后，在其上入驻的企业或个人仍能够继续缴纳各项税收，对粮食主产区政府来说又构成了机会成本。

若是把土地的机会成本看作是潜在的利益损失，那么，粮食主产区在保障粮食安全、发展粮食生产的过程中配套的大量资金可以看成是直接的利益损失。中央下达的很多农业相关支持性资金往往需要省级、市地级政府另行配套若干，一方面，粮食主产区政府由于承担了大量的粮食生产任务，当地农业体量较大，因此资金缺口大，超出自身发展需要的额外配套资金即是机会成本；另一方面，给本来就不富裕的主产区省份带来了财政负担，当地财政本来就穷，还要拿钱补贴，又受到土地限制不能放手发展自身经济，如此循环，更无力推进本省的基础设施建设、高科技投入、教育投资等，导致与粮食主销区差距越来越大。

10.1.3 粮食产销区域对比分析——以河南、广东为例

通过对河南、广东两省的土地机会成本分析及对比，我们不难发现，广东省相对河南省来说，在发展工商业、搞土地开发利用方面，平均收益率远高于河南省，因此广东省相较河南省来说，存在比较优势利益。一方

面，再次论证我国粮食产销区划分的正确性；另一方面，在制定粮食主产区利益补偿机制时，也应该充分考虑这点。

10.1.4 政府层面的利益补偿额度测算

想要对粮食主产区进行利益补偿，首先应该对该区域的利益损失状况进行衡量，才能在补偿时做到心中有数。第5章运用2003年与2014年数据，实证分析了河南省被纳入粮食主产区这一政策对自身GDP的影响。由于影响GDP的因素很多，为了消除这些变量影响，单独考虑主产区政策对GDP的影响，本研究采用了倾向性评分匹配倍差方法，进行模型分析。先用倾向性评分匹配方法，使选出的对照组样本在选入的主产区概率、其他影响GDP因素方面不存在显著差异，消除内生性影响；再利用倍差方法，消除样本的某些不可观测因素导致的GDP变化趋势，便能得到政策本身对GDP的影响幅度。

通过模型分析，我们明确了河南省存在利益受损状况，并计算出了损失值。以2014年为例，模型中自变量“粮食产量”对控制组与对照组的GDP影响呈负向显著，表明对比对照组中样本而言，粮食产量的提高对河南省GDP的影响显著为负，再一次印证第4章中关于粮食主产区利益受损、利益补偿存在必要性的观点。模型结果显示，河南省市均GDP值因为承担主产区任务造成的损失为567.38亿元，实际GDP仅为应得GDP的78.51%。按照实际GDP与应得GDP比例推算河南省的GDP损失情况，计算得出河南省2014年由于承担主产区的责任而损失的地区生产总值为9645.46亿元。

河南省GDP转化为当地财政收入的转化率约为7.77%。按照此转化率计算，河南省2014年损失的财政收入为749.45亿元，这部分即是要补偿的部分。当然在实际确定补偿额度时，需要考虑的因素较多，因此，本研究计算出的补偿额度值可以作为有力的参考，但是不能理解为必须要按照这一标准进行补偿才合理。

10.1.5 农户层面的利益补偿依据分析

对于粮食主产区农户来说，进行利益补偿的依据主要有两个：一是保障农户种粮积极性、保障粮食生产。利用河南省调研获得的1803份样本数据可知，仅有不到一半的农户希望增加土地拥有量，绝大部分农户希望自己拥有的土地数量不变，少数农民还有减少土地持有的意愿。总的来说，农户种粮积极性并不高。二是促进农户增收。农户的收入水平间接受到当地发展粮食生产的影响，具体体现在三个方面：第一，农户所在区域的GDP受损导致提供的工作岗位减少，降低了农民务工的机会，也就降低了工资性收入；第二，基本粮田的划定限制了土地的使用途径，导致土地无法耕种经济效益更高的作物，产生了机会成本，因而家庭经营性收入受损；第三，由于大部分农户的经营规模小，生产效率无法达到最优，因而造成一定程度上的劳动生产率低下。此外，农业生产资料成本上涨快于粮食价格上涨，对农户利润产生了挤出效应。

10.1.6 个体需求角度农户种粮积极性影响因素

中国要确保粮食安全，长期取决于粮食综合生产能力，而短期来看要靠农民种粮的积极性，因此保护农民种粮的积极性具有重要意义。现有的研究是在农户“理性人”“经济人”的基础上展开的，强调客观因素的影响，而忽视了农民主观层面的认识。综上所述，我们可以设想除了已知因素外，存在影响农民种粮积极性的主观因素。第6章从农户的个体层面出发，依据农民期望粮食种植亩数的变化来确定农民种粮积极性，因此，作为因变量的种粮积极性可以划分为三部分，增加种植面积的一类，即种粮积极性高的农民，保持种植面积不变的视为种粮积极性一般，减少种植面积的农民视为种粮积极性差。为了衡量当地经济对农户种粮行为有无影响，我们引入“农户所在县是否属于贫困县”这一自变量，考虑到地区属性数据可能存在嵌套问题，本研究把它单独作为层2变量。

选择利用多层多项Logit模型估计农民种粮积极性影响因素。对于较高种粮积极性的农户（相对于种粮积极性差的农户），与年龄、文化程度、种粮收入满意程度、充分发挥个人能力满意度呈正相关，与自愿选择种粮赞同度、种粮能够提高个人能力赞同度成反比。对于种粮积极性一般的农户（相对于种粮积极性差的农户），与种粮为了增加个人收入赞同度呈正相关，与田间工作对我的健康没有影响满意度、劳动时间自由度高满意度、自愿选择种粮赞同度成反比。

具有较高种粮积极性的农户，其种粮的主要目的是获得收入，农户的粮作行为选择不受当地经济形势的影响。而种粮积极性一般的农户群体，粮作劳动并不一定是唯一的收入来源，对于粮作行为的选择更多地受当地经济形势的影响，越是贫困的地区，农户越不倾向种粮。

10.1.7　农户层面利益补偿额度

在考虑到不同劳动者的劳动能力、获利能力基础上，本研究从机会成本的角度来衡量主产区农户的理想收入水平。通过测算农民的应得收入（理想收入），对比当下的收入水平，找出其中的差距，据此确定农户的补偿标准。

当仅考虑人力资本能力的影响时，单位时间城镇从业人员、农民工、粮作农民的收入之比即为三个群体的劳动力折算系数之比，为 2.805：2.395：2.234。我们可以根据这一系数比例，去除各个劳动群体人力资本能力不同的影响。当与城镇从业人员的收入水平进行对比时，我们发现由于存在资本收入，去除人力资本能力的差异后粮作农民单位时间的工资率是要高于城镇从业人员相应收入水平，每个标准工作日要高出 28.82 元。从与城镇从业人员的对比来看，没必要对粮作农民进行补贴。粮作农民与农民工收入水平进行对比时，由于两者均能够获得土地资本带来的收益，因此可以单独考虑劳动收入，去除人力资本差异后粮作农民一个标准工作日的收入显然要低于相应的农民工的收入，低了 18.15 元/天。从弥补粮作劳动机会成本，提高农民种粮积极性的角度来讨论农民的利益补偿额度，每亩的补贴总额度应该达到 179.5 元，才能保证农民不会发生弃种、抛荒等现象。

此外，从农民的绝对收入角度来讲，提高绝对收入是十分必要的。从家庭经营性收入方面来说，人均耕地面积过低，粮作收入总额提升幅度有限；从工资性收入进度，农民工获得的工资水平不足以反映他们的人力资源能力。

10.1.8　现有粮食主产区利益补偿政策的效果

（1）产粮大县奖励政策有效缓解了粮食主产区内产粮大县财政困难，弥补了产粮大县的部分损失。此外，为达到产粮大县奖励入围标准，间接调动了地方政府的种粮积极性，对粮食增产起到了促进作用。

（2）随着耕作土地面积的不断增加，农户对各类补贴政策的满意程度都会经历一个先上升再下降的过程，耕作规模为10~15亩的农户是满意度变化的拐点。

（3）对于耕作规模在15亩以下的农户而言，随着农资综合补贴与补贴总额度满意度的提高，农户粮食总产量也不断提高。对于耕作规模在15亩以上的农户来说，良种补贴政策与小麦最低收购价政策的满意度提高，则粮食总产量也相应提高。

（4）良种补贴政策、农资综合补贴政策、小麦最低收购价政策以及补贴的总额度至少能对一部分或全部农户起到促进粮食生产的作用。农机具购置补贴由于其自身的特点，在促进粮食产量方面的表现不显著。粮食直补政策对粮食总产量的增加影响也不显著。

（5）粮食风险基金在稳定各地粮油市场、促进粮食流通体制改革、建立对种粮农民的直接补贴制度、确保国家粮食安全等方面发挥了重要作用。

10.1.9　现有粮食主产区利益补偿政策存在问题

（1）利益补偿对象——政府角度，缺乏省级层面的利益补偿政策。在我国，对地方政府可以划分为省政府、市或县政府。产粮大县奖励政策主要针对的就是县政府。对省级层面的利益补偿也是必要的，但当前并无相应补偿机制。

（2）利益补偿对象——农户角度，大规模耕作农户群体对补贴政策满意度整体较低。

（3）利益补偿金额角度，补偿额度较低。从政府层面的利益补偿进行分析，仅有产粮大县奖励政策一项，且奖励额度远低于主产区所在省份遭受的损失。从农户利益补偿角度分析，通过对比第 7 章中的测算结果，当前对农户的补贴还存在很大的增长空间。从国家对农业的总投入角度来看，我国未来还应继续增加农业投资额度。

（4）政策执行方面——小麦最低收购价政策满意度最低、执行力差。最低价收购政策的出台，目的是保障农民卖粮价格，而眼下这一指导性价格却没有发挥出应有的作用。

（5）政策执行方面——粮食直接补贴政策的作用性较差。粮食直接补贴政策的作用效果较差，因为它不能有力地影响农户的决策朝着政府期待的方向制定。当前额度较低的粮食直接补贴政策某种意义上类似于“向水缸中撒了一丁点儿胡椒面”，对农民来说，这份收益“无关痛痒”。

（6）利益补偿资金来源角度——资之金来源范围狭窄。粮食主产区大量生产粮食，由此获益的不仅包括中央政府，还包括因缩减耕地面积、减少粮食产量而获益的粮食主销区。因此应该将粮食主销区纳入利益补偿资金的供应方。

10.1.10 粮食主产区利益补偿机制构建要点

第一，粮食主产区利益补偿的目标。近期目标是：弥补主产区利益流失，为主产区发展注入动力，提高主产区政府与农户的种粮积极性。长期目标是：保障粮食安全，实现粮食主产区经济良性循环发展，实现农民大幅增收。

第二，粮食主产区利益补偿机制的补偿主体应该包括中央政府与粮食主销区政府。

第三，粮食主产区利益补偿机制的补偿受体应该包括粮食主产区政府、粮食主产区农户与粮食主产区基层工作者。

10.1.11　利益补偿机制的构建

第一，中央政府要针对粮食主销区层面进行政策调控。要针对主销区确立粮食耕地面积底线，并作为考核指标对粮食主销区粮食生产、耕地保护等情况进行考核，以使粮食主销区在能力范围内承担一定粮食安全责任；要监督粮食主销区对粮食主产区的转移支付。

第二，粮食主销区对粮食主产区的利益补偿主要通过一般性转移支付的形式完成，通过产销区间的粮食跨区指标交易模式来实现。

第三，中央政府对粮食主产区的利益补偿可以分为两部分，一部分是资金补偿，也就是各类专项转移支付与一般性转移支付，另一部分是政策补偿，诸如各类政策支持等。

第四，粮食主产区转移支付的资金使用途径有四个：①对专项转移支付资金要保证使用途径按规定进行；②转变粮食直接补贴对象，向种粮大户倾向；③对主产区基层工作者予以经济补偿；④根据自身情况确定一般性转移支付资金用途。

10.2　主要政策建议

通过对各个章节以及总体内容的把握，本研究提出如下政策建议：

（1）适当引导农村规模化经营。农业发展长期出路，应该在于提高农业生产效率，才能增加单位时间的劳动回报。为了达到这点，就必须引导农村劳动力合理转移，增加剩余农民人均土地拥有量，扩大土地耕作规模，在不断趋于规模经济的过程中提高其投入产出比率。同时，根据种粮大户的具体需求制定相应政策，以增加农户发展规模化经营的动力。

（2）加强对农村、农民价值观、认同感等方面的宣传。加强文化、观念方面的宣传，认可粮食生产的行为，强化宣传田园美、空气好、生活悠闲的价值观，提高农民的自豪感与认同感，间接起到提升种粮积极性的作用。

（3）加大对农户受教育方面的投资力度，提高农民整体受教育水平。

农民的受教育水平不仅能提高其自身的人力资本水平，还能促使农村劳动力人口向外的转移，更能促进粮作农民粮食产量提高，具有多方面的意义。

（4）健全农民工相关法律法规体系，完善农民工劳动市场机制，保障农民工各类合法权益。努力使农民工的工资水平提升至符合自身人力资本能力的程度。

（5）调整粮食补贴政策，提高粮食补贴额度。主要从良种补贴政策、农资综合补贴政策角度入手，继续提高两项补贴的额度，以达到提高补贴总额的目的，争取每亩补贴总额度达到 179.5 元。

（6）强化对小麦最低收购价政策的执行。小麦最低收购价政策对种粮大户的粮食生产有积极影响，强化该项政策的执行，有助于粮食的规模化经营进程。

（7）转变对粮食主产区政府的考核指标。粮食主产区发展粮食生产、保障粮食安全，给自身带来的经济损失是毋庸置疑的，中央政府与粮食主销区对主产区的利益补偿也是必要的。鉴于粮食主产区受外力因素影响自身经济发展，中央政府应该酌情降低对粮食主产区各级政府的经济类指标的考核标准，转而强调对粮食产量、耕地保护、农业现代化进行等方面指标的考核，使粮食主产区专心于粮食生产任务，免去部分的经济发展压力。

（8）引导资金、人才等资源向粮食主产区流动。中央政策应该针对人才引进拨付一定量的资金，对粮食主产区关键性的岗位提供人才奖励资金，鼓励具有高素质的人才前往经济欠发达地区尤其是基层参加工作。国家开发银行等国有政策性银行应加大对粮食主产区农业基础建设相关领域的支持力度，提供低息贷款，引导资金向主产区流动。在安排财政支农资金、粮食生产的重大科研项目等方面优先考虑粮食主产区。

（9）中央对主产区粮食相关企业提供支持。国家应重视扶持主产省建立以粮食为基础的高效农业体系，开展粮食生产地区的粮食就地转化，把原粮深加工，围绕粮食周边产业以及粮食加工产业成立、扶持相关企业，使粮食生产延伸为一个完整的高效产业链，从生产、转化、加工、运输等各环节全面提高经济效益，一方面能够提高粮食的附加值，为当地政府以及企业本身带来收益，另一方面免去了原粮的贮存与运输工作，大大减少了粮食损失，可谓一举多得。在扶持农业相关企业的同时，中央政府还可以有目的性地引导劳动密集型企业向粮食主产区转移。

10.3 研究不足与展望

本研究以河南省为代表，在深入了解当前河南省的粮食生产与经济发展现状之后，就粮食主产区政府层面与农户层面进行利益补偿的依据进行详细分析。得出必须开展对主产区的利益补偿机制的结论后，依据政府层面的利益损失状况、农户层面的保障种粮积极性诉求，分别对两个层面进行了利益补偿额度的估算。对比当前现行的利益补偿机制，肯定其起到的作用，同时找出现有机制存在的问题，据此提出了完善利益补偿机制的几点建议与政策。

需要指出的是，本研究仍然存在一些不足之处，归纳起来主要有以下几点：首先，在对政府层面的利益补偿额度测算中，控制组选择的是以河南省为代表的下属各个地市，得出的结果不具备普遍性，由于每个省的自身情况不同，粮食主产区带来的影响也不尽相同，未来的研究可以继续这一思路，对各个地区分别进行测算，为主产省各自的利益补偿额度提供较为准确的参考。其次，本研究对粮作规模在15亩以上的农户研究不够深入，现有的自变量能够解释影响大规模农户粮食生产数量因素的一半左右。影响小规模粮作农户与大规模粮作农户的因素存在较大的出入。在以后的研究中，可以对大规模耕作的农户进行深入分析，找出影响其规模扩大与粮食增产的关键因素，为农村发展规模化粮食生产提供政策导向。

参考文献

[1] A. Smith J. , E. Todd P. Does matching overcome La Londe's critique of nonexperimental estimators? [J]. Journal of Econometrics, 2005, 125 (1): 305-353.

[2] Andrew Dorward, Ephraim Chirwa. The Malawi agricultural input subsidy programme: 2005/06 to 2008/09 [J]. International Journal of Agricultural Sustainability, 2011 (9): 232-247.

[3] Arega D. Alene VMM. The effects of education on agricultural productivity under traditional and improved technology in northern Nigeria: An endogenous switching regression analysis [J]. Empirical Economics, 2007 (32): 141-159.

[4] Christopher Udry John HoddinottHarold Alderman and Lawrence Haddad. Gender differentials in farm productivity: Implications for household efficiency and agricultural policy [J]. Food Policy 1995 (20): 407-423.

[5] Dennis Philip Garrity, Festus K. Akinnifesi, Oluyede C. Ajayi, et al. Evergreen Agriculture: A robust approach to sustainable foodsecurity in Africa [J]. Food Security, 2010 (2): 197-214.

[6] Fan P. Research, productivity, and output growth in Chinese agricultural [J]. Journal Development Economics, 1997 (53): 115-137.

[7] H. Charles J. Godfray, John R. Beddington, Ian R. Crute, et al. Food Security: The challenge of feeding 9 billion people [J]. Science, 2010 (2): 812-818.

[8] Harold Alderman KathyLindert. The potential and limitations of self-targeted food subsidies [J]. The World Bank Economic Review, 1998 (8): 213-229.

[9] Hayami Y. R. W. Agricultural development：An international perspective [J]. The John Hopkins University Press, 1985, 528c.

[10] Heckman J. J., Ichimura H., Todd P. E. Matching as an econometric evaluation estimator：Evidence from evaluating a job training program [J]. The review of Economic Studies, 1997, 64 (4)：605-654.

[11] Kamel Louhichi G. F. J. M. Bio-economic modelling of soil erosion externalities and policy options [J]. A Tunisian Case Study, J Bioecon, 2010 (12)：145-167.

[12] Lin J. Y. Rural reforms and agricultural growth in China [J]. American Economic Review, 1992 (82)：34-51.

[13] Per Pinstrup-Andersen. Food security：Definition and measurement [J]. Food Security, 2009 (1)：5-7.

[14] Rong-Gang Cong, Mark Brady. How to design a targeted agricultural subsidy system：Efficiencyor equity? plos one, http：//dx. doi. org/10. 1371/journal. pone. 0041225, 2012 (8).

[15] Rosenbaum P. R., Rubin D. B. Constructing a control group using multivariate matched sampling methods that incorporate the propensity score [J]. The American Statistician, 1985, 39 (1)：33-38.

[16] Shiferaw S. H. Land degradation, drought and food security in a less -favoured area in the Ethiopian highlands：A bio-economic model with market imperfections [J]. Agricultural Economics, 2004 (30)：31-49.

[17] Shikha Jha and Bharat Ramaswami. How can food subsidies work better? Answers from India and the Philippines [J]. Asian Development Bank Economics Working Paper Series, 2010 (9)：21-25.

[18] Simon Maxwell. Food security：A post - modernperspective [J]. Food Policy, 1996 (21)：155-170.

[19] Thadaboina V. A Study of warana wired village project in India, Transit Stud Rev [J]. ICT and Rural Development, 2009 (16)：560-570.

[20] Timothy Besley and Ravi Kanbur. Food subsidies and poverty allevia-

tion [J]. The Economic Journal, 1988 (9): 701-719.

[21] Vangelis Vitalis. Agricultural subsidy reform and its implications for sustainable development: The New Zealand experience [J]. Environmental Sciences, 2007 (4): 21-40.

[22] [美] 西奥多·舒尔茨. 论人力资本投资 [M]. 北京: 北京经济学院出版社, 1992.

[23] [美] 西奥多·舒尔茨. 改造传统农业 [M]. 梁小民, 译. 北京: 商务印书馆, 2006.

[24] [英] 卡尔·波兰尼. 大转型: 我们时代的政治与经济起源 [M]. 冯刚, 刘阳, 译. 杭州: 浙江人民出版社, 2007.

[25] 白雪梅. 教育与收入不平等: 中国的经验研究 [J]. 管理世界, 2004 (6): 53-58.

[26] 柏振忠. 农业技术引进对我国农业经济增长和农民增收的贡献研究 [J]. 科技进步与对策, 2010 (8): 93-96.

[27] 陈慧萍, 武拉平, 王玉斌. 补贴政策对我国粮食生产的影响——基于 2004—2007 年分省数据的实证分析 [J]. 农业技术经济, 2010, (4): 100-106.

[28] 陈艳红, 胡胜德. 农户优质稻米种植意愿分析——基于黑龙江省 359 个普通水稻种植户的调查 [J]. 农业技术经济, 2014 (10): 107-110.

[29] 程国强, 朱满德. 中国工业化中期阶段的农业补贴制度与政策选择 [J]. 管理世界, 2012 (1): 9-20.

[30] 从胜美, 张正河. 粮作农民“体面劳动”指标体系建设——基于河南省 1803 份问卷 [J]. 农业经济问题, 2016 (7): 90-97.

[31] 从胜美, 张正河. 我国农民种粮合理收入区间的测算分析——以河南省为例 [J]. 郑州大学学报 (哲学社会科学版), 2015 (6): 84-87.

[32] 崔奇峰, 周宁, 蒋和平. 粮食主产区利益补偿必要性分析——基于主产区与非主产区粮食生产及经济发展水平差距的视角 [J]. 中国农学通报, 2013 (32): 118-124.

[33] 邓舒仁. 产粮大县县域经济发展研究——以河南省固始县、浚

县为例［J］．粮食科技与经济，2010（1）：47-49.

［34］丁守海．当前粮食安全形势：评估、比较及建议［J］．财贸经济，2008（9）：105-108.

［35］范小建．增加农民收入要有新思路［N］．农民日报，2001-08.

［36］冯海发，毛长青，朱晓峰．粮食主产区经济发展问题——河南省粮食主产区发展经济调研报告［J］．管理世界，1997（2）：160-167.

［37］高瑛，李岳云．对我国粮食产销利益失衡问题的分析［J］．江海学刊，2006（6）：209-213.

［38］高瑛．基于粮食安全保障的我国粮食产销利益协调机制研究［D］．南京：南京农业大学，2006.

［39］关付新．中部粮食主产区现代粮农培育问题研究——基于河南省农户的分析［J］．农业经济问题，2010（7）：69-76.

［40］郭占庆．加入世界贸易组织对我国农民收入的影响及其对策［J］．农业经济问题，2006（6）：30-33.

［41］何军，李庆，张姝驰．家庭性别分工与农业女性化——基于江苏408份样本家庭的实证分析［J］．南京农业大学学报（社会科学版），2010（1）：50-56.

［42］何蒲明．基于粮食安全的主产区和主销区的利益协调机制［J］．安徽农业科学，2006，35（4）：1223.

［43］侯景明．粮食补贴发放工作存在的问题及对策［J］．经济研究参考，2011（51）：53-55.

［44］黄季焜，王晓兵，智华勇，等．粮食直补和农资综合补贴对农业生产的影响［J］．农业技术经济，2011（1）：4-12.

［45］黄季焜．中国的粮食安全面临巨大的挑战吗［J］．科技导报，2004（9）：17-18.

［46］贾贵浩．城镇化背景下粮食主产区利益动态补偿问题研究［J］．宏观经济研究，2013（12）：20-25.

［47］江金启，赵辉．农资价格波动与粮食主产区农民收入稳定［J］．农业经济，2008（12）：12-17.

[48] 蒋和平，吴桢培，湖南省汨罗市实施粮食补贴政策的效果评价——基于农户调查资料分析 [J]. 农业经济问题，2009（11）：28-32.

[49] 蒋和平．完善我国粮食主产区利益补偿的政策建议 [J]. 中国农业信息，2013（13）：12-14.

[50] 蒋和平．我国粮食主产区利益补偿政策亟须完善 [J]. 农业经济杂志，2014（8）：11.

[51] 居占杰．我国粮食安全的经济学分析 [J]. 东南大学学报（哲学社会科学版），2011（3）：26-30.

[52] 康涌泉．基于粮食安全保障的粮食主产区利益补偿制度研究 [J]. 河南师范大学（哲学社会科学版），2013，40（4）：76.

[53] 柯炳生．对粮食安全问题的若干看法与建议 [J]. 中国地产市场，2004（4）：64-67.

[54] 李国璋，张冀民．对现行粮食补贴政策的福利经济学思考 [J]. 生产力研究，2005（3）：23-25.

[55] 李明贤，樊英．粮食主产区农民素质及其种粮意愿分析——基于6个粮食主产省457户农户的调查 [J]. 中国农村经济，2013（6）：27-37.

[56] 李鹏，谭向勇．粮食补贴政策对农民种粮净收益的影响分析——以安徽省为例 [J]. 农业技术经济，2006（1）：44-48.

[57] 李鹏，于淑敏，朱玉春．陕西粮食生产经济效益影响因素分析——以1984—2008年小麦为例 [J]. 陕西农业科学，2011（3）：183-187.

[58] 李韬．粮食补贴政策增强了农户种粮意愿吗——基于农户的视角 [J]. 中央财经大学学报，2014（5）：86.

[59] 李勋来，李国平．从人力资本视角看城乡收入差距及其平抑 [J]. 经济管理，2005（9）：21-24.

[60] 梁世夫．粮食安全背景下直接补贴政策的改进问题 [J]. 农业经济问题，2005（4）：23-26.

[61] 林毅夫．必须重视粮食安全隐患 [J]. 农村经济，2008（5）：26.

[62] 刘海生．人的异质性："经济人"假设的新内容 [J]. 经济学家，2003（5）：88.

［63］刘克春．粮食生产补贴政策对农户粮食种植决策行为的影响与作用机理分析［J］．中国农村经济，2010（2）：12-21.

［64］刘拥军，薛敬孝．加速农业市场化进程是增加农民收入的根本途径［J］．经济学家，2003（5）：68-73.

［65］刘振伟．我国粮食安全的几个问题［J］．农业经济问题，2004（12）：8-13.

［66］卢向虎，吕新业，李先德，等．小麦生产成本收益分析——基于河南省的调查［J］．农业展望，2008（6）：51-54.

［67］鲁靖，许成安．构建中国的粮食安全保障体系［J］．农业经济问题，2004（8）：29-32.

［68］罗丹，李文明，陈洁．种粮效益：差异化特征与政策意蕴——基于3400个种粮户的调查［J］．管理世界，2013（7）：59.

［69］马静．财政支持粮食主产区发展投资模式分析［D］．杨凌：西北农林科技大学，2008.

［70］马文博．利益平衡视角下耕地保护经济补偿机制研究［D］．杨凌：西北农林科技大学，2012.

［71］马彦丽，杨云．粮食直补政策对农户种粮意愿、农民收入和生产投入的影响—— 一个基于河北案例的实证研究［J］．农业技术经济，2005（2）：7-13.

［72］闵锐．湖北省粮食种植收益的变动趋势和影响因素及政策建议［J］．农业现代化研究，2011，132（5）：569-572.

［73］潘刚．建立粮食主产区利益补偿机制问题研究［J］．中国农业信息，2010（11）：6.

［74］潘刚．维护国家粮食安全需建立粮食主产区利益补偿制度［J］．红旗文稿，2011（3）：15-17.

［75］潘盛洲．农民收入问题：现状、原因及对策研究［J］．中国农业信息网，2003（2）.

［76］彭克强．中国粮食生产收益及其影响因素的协整分析——以1984—2007年稻谷、小麦、玉米为例［J］．中国农村经济，2009（9）：

112-124.

[77] 钱克明，彭廷军．我国农户粮食生产适度规模的经济学分析［J］．农业经济问题，2014（3）：5-6.

[78] 乔鹏程．我国粮食主产区利益补偿政策研究［J］．河南社会科学，2014，22（6）：83.

[79] 沈琼．粮食主产区利益补偿的经济分析［J］．世界农业，2014（5）：2-4.

[80] 盛洪．外部性问题和制度创新［J］．管理世界，1995（2）：195-201.

[81] 盛来运．粮食主产区农民增收问题的调查分析［J］．中国农村经济，2003（5）：54-58.

[82] 孙晓燕，苏昕．土地托管、总收益与种粮意愿兼业农户粮食增效与务工增收视角［J］．农业经济问题，2012（8）：102-109.

[83] 田建民．粮食安全长效机制构建的核心区域发展视角的粮食生产利益补偿调节政策［J］．农业现代化研究，2010，31（2）：188-189.

[84] 田建民．我国现行粮食安全政策绩效分析［J］．农业经济问题，2010（3）：13.

[85] 田甜，李隆玲，武拉平．新形势下中国粮食安全问题及与其他粮食主产国的比较——基于世界粮食安全指标（GFSI）分析［J］．世界农业，2015（12）：196.

[86] 王姣，肖海峰．中国粮食直接补贴政策效果评价［J］．中国农村经济，2006（12）：4.

[87] 王立勇，高伟．非货币补偿制度与失地农民补偿满意度研究［J］．财政研究，2014（4）：19-21.

[88] 王明华．对当前我国粮食安全形势的基本判断［J］．调研世界，2007（6）：3-5.

[89] 王守祯．完善粮食主产区利益补偿机制的思考［J］．中国财政，2013（8）：59-60.

[90] 王雅鹏，王激薇，吴娟．我国粮食安全的热点问题辨析［J］．

农业现代化研究，2011（1）：6-10.

［91］王雅鹏．河南省粮食安全与农民增收矛盾分析［J］．安徽农业科学，2008（12）：11-13.

［92］魏剑锋．粮农收益与粮食增产的关系分析［J］．经济研究导刊，2012（31）：20-21.

［93］温铁军．"三农"问题讨论中的似是而非［EB/OL］．中经网，2001-05-16.

［94］吴江，武晓山，赵铮．农户种粮收入的影响因素分析与最优粮食种植面积测算［J］．经济理论与经济管理，2010（11）：72.

［95］吴连翠，柳同音．粮食补贴政策与农户非农就业行为研究［J］．中国人口·资源与环境，2012，22（2）：104-105.

［96］辛岭，蒋和平．粮食主产区支持政策的现状与对策［J］．宏观经济管理，2014（1）：39-41.

［97］颜宏晖．保护粮食主产区的利益是实现全国粮食供需平衡的关键［J］．农业经济问题，1998（3）：46.

［98］杨辉．农村人力资源开发对农民增收的影响及对策分析［J］．商业研究，2008（11）：155-157.

［99］杨建立．粮食主产区利益补偿机制研究［J］．农村经济，2015（5）：9-11.

［100］杨建利，靳文学．粮食主产区和主销区利益平衡机制探析［J］．农业现代化研究，2012，33（2）：129-133.

［101］袁宁．粮食补贴政策对农户种粮积极性的影响研究——基于农户问卷调查的实证研究［J］．上海财经大学学报，2013（4）：63-70.

［102］张冰，何会军．完善粮食主产区利益补偿机制问题研究［J］．金融理论与教学，2013（5）：47-49.

［103］张德元．中部崛起：必须建立对粮食主产区的补偿机制［J］．调研世界，2005（6）：33.

［104］张海姣，张征，张正河．粮食跨区交易：责任共担与利益共享［J］．经济体制改革，2013（4）：85-88.

[105] 张海姣，张正河．中国粮食主产区粮食生产发展路径研究［J］．粮食科技与经济，2013，38（3）：5-7.

[106] 张立迎，李翠霞．中国粮食主产区利益补偿的制度困境与路径选择［J］．求是学刊，2015，42（5）：74-75.

[107] 张全红．我国粮食总量安全现状分析与政策启示［J］．农村经济，2011（8）：14-16.

[108] 张淑杰，孙天华．农业补贴政策效率及其影响因素研究——基于河南省 360 户农户调研数据的实证分析［J］．农业技术经济，2012（12）：68-74.

[109] 张扬．粮食安全下粮食主产区利益补偿新思路［J］．现代经济探讨，2014（1）：70-73.

[110] 张永恩，褚庆全，王宏广．城镇化进程中的中国粮食安全形势和对策［J］．农业现代化研究，2009（3）：270-274.

[111] 张正河，张弛．国家统筹下的粮食跨区交易探索［J］．农业经济与管理，2015（3）：68-70.

[112] 张正河，张征，张海姣，等．粮食托市收购与利益保护的政策思考［J］．农村农业农民，2012（11）：38-39.

[113] 张忠明．粮食主产区利益补偿机制研究［D］．北京：中国农业科学院，2012.

[114] 赵波．中国粮食主产区利益补偿机制的构建与完善［J］．中国人口·资源与环境，2011（1）：85-90.

[115] 赵秋成．我国中西部地区人口素质与人力资本投资［J］．管理世界，2000（1）：122，125.

[116] 钟甫宁，何军．增加农民收入的关键：扩大非农就业机会［J］．农业经济问题，2007（1）：62.

[117] 周逢民．粮食安全与粮农增收中的金融支持［J］．中国金融，2012（6）：25-26.

[118] 周清明．农户种粮意愿的影响因素分析［J］．农业技术经济，2009（5）：25-30.

［119］周应恒，赵文，张晓敏．近期中国主要农业国内支持政策评估［J］．农业经济问题，2009（5）：4-11.

［120］朱沁夫．劳动价值论与人力资本价值——从生产角度分析人力资本价值量［J］．湖南社会科学，2003（4）：94.

［121］朱新华．基于粮食安全的耕地保护外部性补偿研究［D］．南京：南京农业大学，2008.

［122］朱长存，马敬芝．农村人力资本的广义外溢性与城乡收入差距［J］．中国农村观察，2009（4）：43.

［123］庄皓雯，赵凯，胡娟．粮食主产区耕地保护利益补偿标准的测算——基于山东省 328 份城乡居民支付意愿问卷［J］．华东经济管理，2014（12）：13.

附录

农民体面、幸福感调查问卷

本县名称：____________

本村名称：____________

问卷说明：该调查问卷旨在全面调查农民主观思想上对工作、生活、粮食政策等几方面的满意程度，为后续提出粮食主产区农民利益补偿相关政策作参考。

感谢您的配合！

一、基本信息（在对应项上打√即可）

姓名：　　　　　　性别：男　女　　　　　　年龄：

社会身份：一般群众　非一般群众

婚姻状况：已婚　　　未婚　　　丧偶

身体状况：健康　　较大疾病　　残疾

受教育程度：文盲　　小学　　初中　　高中　　大专及以上

家中人口数：

家中住房面积：

家中土地亩数：　　其中承包、流转（入　出）的亩数为：

二、种植、打工情况调查

作物类型	亩数	产量（斤）	每斤价格（元）	每亩投入成本（元）	自留数量（斤）	卖出数量（斤）
小麦						
玉米						

1. 下一年，您希望家中土地数量（　　），您认为家中拥有________亩耕地最合适。

A. 增加　　　B. 不变　　　C. 减少

2. 一年中，小麦总的田间劳动时间为________天，家中有________人参与小麦种植，农忙时会雇用________人帮忙，帮________天。一年中，玉米总的田间劳动时间为________天，家中有________人参与小麦种植，农忙时会雇用________人帮忙，帮________天。

3. 您一年平均外出打工时间为________月，您的工作是________，您每月平均收入是________元，每月平均工作________天。

（3.1 至 3.4 四个问题请根据自身情况选择一个作答）

3.1　若您全年外出打工，外出打工的原因是（　　）。

A. 工作收入高

B. 工作相比较务农的话更体面

C. 想外出见识一下

D. 外面的生活设施更好

E. 其他________

3.2 若您每年外出打工一定时间，通常为________个月，原因是（　　）。

A. 农闲无事　　B. 工作收入高

C. 想外出见识一下　　D. 其他________

3.3 若您外出打过工，现在不外出了，原因是（　　）。

A. 工作时间过长、工作太辛苦

B. 工作不如在家自由

C. 工作收入不高

D. 家里离不开人

E. 更喜欢在家务农

F. 对种粮收入水平满意

G. 种植其他作物收入较高

H. 其他

3.4 若您从未外出打工过，原因是（　　）。

A. 工作时间过长、工作太辛苦

B. 工作不如在家务农自由

C. 工作收入不高

D. 家里离不开人

E. 更喜欢在家务农

F. 对种粮收入水平满意

G. 种植其他作物收入较高

H. 其他

4. 过去一年中，除种植业、外出打工之外，其他经营性收入为________元。

5. 春节过后到现在，田间劳动加上您打工、自己做工等，总共工作了________天。

三、体面度调查（在对应的框中打√）

维度	指标	具体指标	非常满意	满意	一般	不满意	非常不满意
生存	就业机会	家庭拥有土地数量					
	收入	种粮收入是否满意					
		对小麦收购价格满意					
		对玉米收购价格满意					
		只依靠种植业收入能够满足家庭基本生活需要					
	工作稳定性	农田自然灾害保险参与情况					
		农田自然灾害发生后政府补助情况					
劳动条件	劳动环境	田间劳作环境是否满意					
		水利设施是否满意					
		家中与田间的往返道路是否满意					
		田间工作对我的健康没有影响					
	劳动时间	总劳动时间少，工作轻松					
		劳动时间自由度高					
	社会保障	医疗保险参与情况					
		养老保险参与情况					
		最低生活保障制度					
社会属性	亲友认同情况	种粮得到父母支持					
		种粮得到配偶支持					
		种粮得到朋友支持					
	社会认同情况	种粮在大家眼里是一份不错的工作					
		种粮这份工作的社会地位高					
	政府保障程度	粮食补贴总体满意程度					

续表

维度	指标	具体指标	非常满意	满意	一般	不满意	非常不满意
被尊重	社会话语权	能够较好地参与村内事务					
		个人意见能够被村干部及时回应					
		各类纠纷能够得到良好、及时解决					
		有良好的上下级沟通机制					
个人价值实现	工作满意度	自愿选择种粮这份工作					
		种粮是为了增加收入					
		喜欢种粮这份工作					
		从中获得成就感					
		对社会贡献巨大					
	个人发展	能够充分发挥个人能力					
		对提高个人能力有很大帮助					

四、（粮食补贴）政策满意度调查

具体指标	非常满意	满意	一般	不满意	非常不满意
良种补贴满意程度					
农机具购置补贴满意程度					
农业生产资料综合直补					
粮食直接补贴政策满意程度					
测土配方施肥补贴满意程度					
小麦最低收购价政策满意度					
粮食补贴额度满意程度					
粮食补贴方式满意程度					
政府服务态度满意程度					
相关农业公司服务满意程度					